Luise Rinser

Fließendes Licht

Ein Lesebuch

Luise Rinser

Fließendes Licht

Ein Lesebuch

Herausgegeben
von Bogdan Snela und Ute Zydek

Kösel

ISBN 3-466-20379-1

Druck und Bindung: Kösel, Kempten
Umschlag: Kaselow Design, München
Umschlagmotiv: Adele Adlichhammer, München

2 3 4 5 · 97 96 95 94 93

Gedruckt auf umweltfreundlich hergestelltem Werkdruckpapier
(säurefrei und chlorfrei gebleicht)

Inhalt

Drei Dimensionen

Statt eines Vorworts

Dieses Buch ist eine Sammlung von Stellen zu spirituellen Erfahrungen aus meinen Arbeiten. Als ich sie las, war ich erstaunt über das, was ich geschrieben habe, manches schon sehr früh, vor Jahren, einiges vor vielen Jahren. Aber ich kann mich im Gesagten wiedererkennen, wenngleich ich heute vieles anders sagen, anders interpretieren würde.

Meine Zwischenbemerkungen jeweils am Anfang der neun Kapitel dieser Sammlung sind das Ergebnis eines langen intensiven Zwiegesprächs mit Bogdan Snela. Da es sich um ein Gespräch handelt, gibt es natürlich stilistische Brüche, gelegentliche Wiederholungen, Unebenheiten, – man möge das in Kauf nehmen.

Was in diesem Buch steht, scheint mir die Essenz dessen, was ich in meiner gesamten Arbeit und mit meinem Leben sagen will.

Ich kann es am besten ausdrücken mit dem Bericht von einer musikalischen Erfahrung.

Der koreanisch-deutsche Komponist Isang Yun schrieb vor kurzem ein Orchesterstück mit dem Titel »Distanzen«. Ich hörte und sah die Uraufführung in der Berliner Philharmonie. Ich sage, ich *sah* die Aufführung, weil das Visuelle Teil des Hörens und sichtbare Offenbarung des Sinnes war.

In der Saalmitte saßen drei Streicher: Baß, Cello, Bratsche. Zwei Geiger und die Bläser (Flöte, Oboe, Klarinette, Fagott) waren auf die Ränge verteilt. Auf dem obersten Rang saß der Solo-Hornist.

Baß, Cello und Bratsche beginnen mit einem atonalen aggressiven Furioso, das den Hörer unangenehm aufstört. Die Instrumente liegen offenkundig im heftigen Kampf. Die Bläser versuchen sie zu besänftigen. Für kurze Zeit hören die Streiter auf sie, fallen ihnen aber bald wieder brutal ins Wort. Wieder versuchen die Bläser und Geiger »andere Töne, nicht diese« ins Spiel zu bringen. Doch das kämpferische Streichtrio will nicht hören. Die Töne aus einer andern Klang- und Geisteswelt sind ihnen fremd und provokativ. Dazwischen, von Zeit zu Zeit, hört man vom obersten Rang her den ruhigen starken Ton des Horns. Ein hohes reines C. Selbst dieser Ton wird nicht gehört. Lange nicht. Das Trio beharrt auf seiner Disharmonie. Aber die Bläser und Geiger der zweiten Dimension lassen nicht nach, zu mahnen und zu sänftigen. Nach und nach gewinnen sie an Kraft und bringen Beruhigung. Zuletzt bleibt der hohe reine starke Ton des Horns.

Distanzen, Dimensionen, drei Ebenen: Die unterste, auf der wir leben (noch immer leben), die des Streits, des Hasses, der Kriege, der unheilvollsten Disharmonie; die zweite, auf der jene leben, die uns retten wollen, die Weisen, die Propheten, die Boddhisatvas, die Heiligen; die dritte schließlich, jene des höchsten Gesetzgebers, des *Einen*, der alles überdauert und uns zum ewigen Frieden führt. Seine Stimme ist *schön.* Schließlich dominiert das Harmonisch-Schöne. Die Kontraste versöhnen sich; die Distanzen sind überbrückt.

Ich spreche von einem Musik-Stück, und ich spreche von der kosmischen Ordnung, und ich spreche von meiner Hoffnung. Entgegen meiner politischen Erfahrung und entgegen meinem nüchternen Verstand glaube ich an die Gegenwart der höchsten ordnenden göttlichen Instanz. Sie bietet uns Rettung an. Sie spricht durch die vielen Heiligen aller Religionen, die prophetischen Mahner, die stillen Beter, die mitten unter uns leben. Möchten wir sie doch hören. Wir leben in höchster Gefahr, jedoch: »wo aber Gefahr ist, wächst das Rettende auch.« (Hölderlin)

Rom/München, 22. März 1993 *Luise Rinser*

Geschichten mit Gott

Atheismus war nicht mein Weg

Bekehrensmomente im eigentlichen Sinn gibt es in meinem Leben nicht, weil ich nie von Gott getrennt war, ich war nie Atheistin. Der Zweifel an der Existenz dessen, was man Gott nennt, hatte nie einen Platz in meinem Leben.
Wichtig in diesem Zusammenhang ist, daß ich eine Oberbayerin bin, daß ich mitten im oberbayerischen Katholizismus aufgewachsen bin: Die Mutter war nie eine kirchenfromme Christin, aber der Vater, Lehrer und Organist, war ein tief frommer Mann. Er hat seine ganze Frömmigkeit in die Musik, in sein Orgelspiel gelegt. Ich sei ein unglaublich frommes Kind gewesen, ohne daß ich dazu eigens erzogen worden bin. Ich sei, ein Jahr alt, vor jedem Feldkreuz stehengeblieben, und habe auf meine Kinder-Art gebetet. Vielleicht ist wichtig, daß meine Tante, meine Taufpatin, beim ersten Geburtstag ein Bild, einen Gobelin über meinem Bett aufgehängt hat: Da ist ein schmaler Steg, auf dem ein Mädchen völlig unbekümmert mit einem Blumenkörbchen über eine Schlucht geht und hinter dem Mädchen ist ein riesiger Engel. Den Gobelin hatte ich lange Zeit verloren geglaubt, aber er hat sich plötzlich wiedergefunden.
Das nehme ich als Bild für mein Leben, bewußt auf die Gefahr hin, daß es aus heutiger Sicht kitschig erscheinen mag. Irgendein riesiger Engel hat mich immer vor irgendeinem Abgrund beschützt.
Ich war eine kleine Mystikerin, die stundenlang vor einer abscheulichen Herz-Jesu-Gipsstatue in einer Seitenkapelle

kniete, obwohl ich sah, daß es eine abscheuliche Gipsfigur war. Ich kniete auf dem nackten Pflaster und habe diese Figur angeschaut, die überlebensgroß war, und habe, wie ich später begriff, dort wirklich Versenkung und mystische Erlebnisse erfahren. Jesus hat mich angeschaut. Und er hat mich für immer an sich gebunden.

Ich habe öfters mit Karl Rahner in Innsbruck die Messe gefeiert am Herz-Jesu-Altar. Da ist ein schönes altes Herz-Jesu-Bild im Oval. Dieser Jesus reißt sich das Herz aus dem Leib und bietet es an. Als die ewige Liebe bietet er sich an …

Ich glaube, ich habe überhaupt nicht »gebetet«, da ich nie gelernt habe, wie man »professionell« betet. Ich habe auch nie um etwas gebetet. Nicht mal im Gefängnis habe ich um Rettung gebetet. Beten im Sinn von bitten, das kenne ich nicht. Beten habe ich immer im Sinn von Versenkung kennengelernt: daß ich plötzlich hingenommen war von einem stillen mächtigen Strom.

Die Schule hat mir den Besuch am Schulgottesdienst verekelt. Nicht nur weil man an der Messe teilnehmen mußte, sondern weil es mir nichts gab. Und eines Tages mußten wir beichten gehen in einer Kirche in München. Da stand ich also in der Schlange, und dann kam ich dran. Ich sagte: »Ich muß beichten, aber ich will nicht«. Wahrscheinlich habe ich so gesagt, oder: »Ich mag einfach nicht.« Der Geistliche war klug. Er sagte: »Gut, wenn du nicht beichten willst, gebe ich dir statt der Absolution meinen Segen. Geh du deinen Weg.« Den ging ist. Ich ging ihn immer an der langen Leine, die von der Hand jenes hohen Wesens gehalten wurde, das man »Gott« nennen kann. Ich kann auch sagen: Ich bin nie aus der Gnade gefallen.

Die Theologie der Gnade war mir immer wichtig, so

wichtig, daß sich mir daraus eine Erzählung formte. Der Titel: »Geh fort, wenn du kannst.« Die Geschichte einer jungen deutschen Kommunistin, die sich während des 2. Weltkriegs einer italienischen Partisanengruppe angeschlossen hatte, im Kriegsgewirr von der Gruppe getrennt, in ein verlassenes Benediktinerinnen-Kloster gerät, dort in Ermangelung anderer Lektüre das benediktinische Brevier liest und allmählich vom Geist des Orts erfaßt wird: vom Strom einer ihr neuen religiösen Erfahrung, die sie dazu bewegt, nach Kriegsende im Kloster zu bleiben.
Eine Geschichte, die ich frei erfunden habe, die aber, wie ich Jahre später hörte, sich so ähnlich tatsächlich ereignet hat.

Erstveröffentlichung aus einem Gespräch zwischen Luise Rinser und Bogdan Snela vom 7.11.1992 im Meditationshaus Domicilium, Weyarn.

Der Duft des heiligen Geheimnisses

Der Herbst ging hin, der Advent begann, und mit ihm kamen jene täglichen frühen Morgenfeiern in der Kirche, die ›Engelmessen‹ hießen. Um sechs Uhr schon begannen sie, noch ehe die frühwinterliche Nacht gewichen war. Ich beschloß, in diesem Jahre keine der Morgenmessen zu versäumen. Es war nicht leicht, den Entschluß auszuführen. Allerlei Widerstände erhoben sich. Meine Mutter, in der Sorge, das frühe Aufstehen und das Verweilen in der kalten Kirche könne meiner Gesundheit schaden, verbot es mir, der Großonkel aber sprach für mich, und endlich willigte die Mutter ein, wohl in der Annahme, daß diese kindliche Laune bald von selbst vorüberginge. Ich erinnere mich mit allen Sinnen an jene Morgen. Um ein halb sechs Uhr klingelte der Wecker im Zimmer meiner Mutter. Davon erwachte ich, und ohne mich zu besinnen, sprang ich aus dem Bett. Es war sehr kalt in dem großen, nie geheizten Zimmer; ich zitterte, so fror ich. Ich eilte über den gepflasterten Gang, lose Steine klapperten, das hohe Gewölbe widerhallte. Noch war es nächtlich dunkel. Ich tastete mich nach dem durchkälteten Waschraum. Das Wasser lief aus dem Hahn in die Schüssel, und dieses erste dumpfe, dann immer heller werdende Geräusch war schlimmer zu überstehen als das plötzliche Verlassen des warmen Bettes. Ein Frühstück gab es nicht vor der Engelmesse, denn es gehörte zur Feier, nüchtern zu sein. So schwierig dies alles für ein Kind war, so erfüllte es mich mit einer unsäglichen Freude. Während ich vor Frost bebte, war ich schon dem Frieren und allem Unbehagen entrückt. Ich hielt eine inständige wortlose Zwiesprache mit dem Morgen. Wenn ich aus dem Hause trat, standen meist die Sterne frostklar und funkelnd über den Giebeln. In der Luft klirrte die Kälte, manchmal fiel leise wolliger Schnee, die Glocken läuteten durch den Morgen, und die Klosterfrauen eilten schweigsam und dunkel zur Kirche. Der Kirchenraum war noch unerhellt, die Tante zog einen Wachsstock aus der Tasche, stellte ihn auf das Betpult, bog das dünne Wachsband in die Höhe und entzündete mit feierlicher Umständlichkeit den Docht. Noch war unser Licht einsam, unzulänglich, aufgesogen von der Nacht, die das hohe Kirchenschiff füllte; bald aber strahlten da und dort ebenfalls kleine Flammen auf, und endlich stand ein Lichterwald über den dunklen Bänken, hell genug, die Gesichter und Gesangbücher zu beleuchten, aber zu schwach, um die tiefe Dämmerung zwischen den Pfeilern, in Nischen und Gewölben zu durchdringen. Sooft das Portal sich öffnete, fuhr ein kalter

Windstoß in den Lichterwald und ließ die Flammen heftig flackern, daß sie fast erloschen. Als die Messe begonnen hatte, brannten die Lichter einhellig und still und verströmten mit zartem Knistern köstlichen Wachsduft und milde Wärme. Ich las in einem großen ledergebundenen Gebetbuch, das so alt war, daß ›sei‹ noch mit Ypsilon geschrieben war und daß Stockflecken auf den Blättern waren. Es sprach eine einfältige kindliche Sprache, ich liebte es sehr. Zwischen Gebete waren alte Legenden eingeflochten. Ich las am liebsten von Einsiedlern in der Wüste, deren Herz so einfach und so liebreich war, daß wilde Tiere kamen und ihnen dienten. Mit Begierde atmete ich den Duft von heilig durchsichtigem Geheimnis, der den nüchternen wortkargen Berichten entströmte. In diesen morgendlichen Stunden, da meine Hände und Füße vor Frost brannten, widerfuhren mir mühelos, ungesucht jene Entrückungen in ein leidenschaftliches Glück der innern Anschauung oder auch in einen bilderlosen, schlafverwandten Frieden, die ich nie und nimmer durch Bußübungen hatte erzwingen können.

Aus: Die gläsernen Ringe, S. 72-74, (c) 1941 by S. Fischer Verlag, Frankfurt am Main

Ekstatische Kinderspiele

Einmal, den »Gläsernen Ringen« zufolge, begegnete mir in der Gestalt der kindlichen Büßerin Franziska aus dem Walde die religiöse Ekstase in verboten heidnisch-bacchantischer Form: das Mädchen opferte vor der Statue des Christus am Marterpfahl in einer Waldkapelle Blumen, aber auch Käfer, die sie lebend auf die Eisenspitzen der Gitter-

stäbe spießte. Ich, das Kind in den »Gläsernen Ringen«, entsetzte mich, tötete barmherzig einen schon halbtoten Käfer und sah mit Schrecken das mörderische Mädchen im Licht der zwei verschieden gefärbten Glasfenster: rotgrün, gleichsam in zwei Hälften geteilt, auf der Schwelle stehen. Das Waldmädchen führte mich ein in die Welt der Flagellanten-Ekstase: sie hatte sich eine Geißel gemacht aus Schnüren mit harten Äpfeln, die sie mit Dornen besteckte, und sie lehrte mich, diese Geißel zu benutzen. »Das muß man tun. Nachts schlafe ich auf einem Brett. Man muß für Christus leiden. Es ist wunderbar. Auch die Tiere müssen für ihn leiden.« So sagte sie. Ich machte mir nicht nur eine Geißel, sondern auch ein Rutenbündel und eine Dornenkrone. »Aber«, so schrieb die Autorin, »jenes Gefühl der wunderbaren Erhebung, von dem Franziska gesprochen hatte, blieb mir versagt. Ich empfand nichts als kleine stechende Schmerzen und eine uneingestandene Scham. Mir war weit eher, als sündigte ich, statt daß ich eine Empfindung von Bußtat und Leidensglück verspürte. Franziska, die nun meine Meisterin war, belehrte mich. Du mußt erst mit kleinen Abtötungen beginnen, Asche essen, bittere Blätter kauen, auf Holzscheiten knien, dreimal auf Knien um die Kirche gehen. Ich versuchte es, aber auch diese Übungen brachten mir nur wunderlichen Schmerz, nicht Erhebung und Heil.«
Die Autorin erzählt von den seltsamen Spielen, welche die beiden Kinder trieben: Franziska war die Herrin, ich die Magd. Die Herrin gab der Magd absurde Befehle, um deren Demut zu erproben. Eine monastische Übung, die wir freilich nicht kannten: die Äbtissin befahl Sinnloses, Sinnwidriges, um den Eigenwillen und die intellektuelle Vernunft der Nonnen abzutöten. Wenn ich blind gehorcht hatte, erschien mir Franziska als himmlische Person, führte

mich in die Waldkapelle und krönte mich mit einem Laubkranz.
Ich verblieb, laut meinem ersten Buch, nicht lange in dieser labyrinthischen, bacchantisch-asketischen Welt. »Ich fand bald das mir Gemäße: kleine, aber schmerzliche Entbehrungen und Überwindungen, wie etwa Schweigen bei ungerechtem Schelten der Mutter, plötzliches Abbrechen geliebter Spiele, Entzug des Zuckers im Morgenkaffee.«
Aber so leicht entrinnt man dem Wahnsinn nicht: Franziska verlangte von mir ins Kloster mitgenommen zu werden, und zwar in den Jagdsaal. Ich tat es schlechten Gewissens. Aber an dem, was dann dort geschah, war ich schuld: ich zeigte Franziska die Pflaster-Rosette in der Saalmitte und sagte: Da kann man tanzen.
Das hatte ich oft getan, und es war schön. Jetzt aber tanzte die Walddämonin, und dieser Tanz war der einer Besessenen, er war wie ein epileptischer Anfall, er war, so könnte ichs heute empfinden, obszön, jedenfalls eine Entweihung des Raumes. Ich wies Franziska hinaus. Sie ging ohne Widerspruch fort. Ich versuchte, mit meinen Händen die Spuren der staubigen Füße Franziskas vom Pflaster zu wischen. Spuren tilgen, Schuld abwaschen, büßen. Aber anders als die Flagellantin Franziska. Meine Übungen blieben im Bereich des nüchternen Rausches, im Apollinischen: es wurde Winter und sehr kalt. Dennoch stand ich jeden Morgen um halb sechs Uhr auf und ging in die »Engelmesse«, die um sechs begann. Das war eine harte Sache, denn das Haus war ungeheizt, warmes Wasser gab es nicht und auch kein Frühstück, und draußen war es noch Nacht, der Frost machte die Schritte klingend hart, in der Kirche war es eisig. Aber: »In diesen morgendlichen Stunden, da meine Hände und Füße vor Frost

brannten, widerfuhren mir mühelos, ungesucht, jene Entrückungen in ein leidenschaftliches Glück der innern Anschauung oder auch in einen bilderlosen, schlafverwandten Frieden, die ich nie und nimmer durch Bußübungen hatte erzwingen können.«

So schrieb die junge Autorin. Gab es diese Franziska, gab es die Bußübungen, die wilden Tänze, die Engelmessen? Franziska gab es, die Förster-Fanny, ein Kind meiner Klasse in der Volksschule. Wir spielten zusammen in den Flußauen. Aber wir waren nicht Flagellanten. Doch waren unsre Spiele voll frommer Poesie. Das Spiel, das die Autorin der »Gläsernen Ringe« schildert, fand statt, das ist eine echte Erinnerung. Wir waren Missionar und Heiden. Der Missionar war auf Franziskas Wunsch ich, sie war die Schar der Heiden, im hohen Gras und Gebüsch der Flußauen gelagert. Ich sprach zu diesen Heiden, ich sprach glühend, ich steigerte mich in eine Ekstase des Worts hinein. Plötzlich flog ein Stück Holz gegen mich, ein Heide hatte mit dem vergifteten Pfeil auf mich geschossen, ich ließ mich fallen, ich war tot. Den Märtyrertod gestorben. Franziska bedeckte mich mit Blättern. Aber da ich mich nicht bewegte, bekam sie Angst. Sie weinte und schüttelte mich, ich ließ sie lange weinen. Es war nämlich schön, so zu liegen im Moos und »tot« zu sein. Ich erinnere mich genau des Dämmerlichts in den Auen, des inständigen bitterfrischen Geruchs nach feuchter Erde und Schneeglöckchen, es muß Frühling gewesen sein, März, vorösterliche Zeit.

Aus: Den Wolf umarmen, S. 86-88, (c) 1981 by S. Fischer Verlag, Frankfurt am Main

Ich sah eine Lichtgestalt

Ich hatte einmal in meinem Leben eine Zeit, in der ich meinte, meinen Glauben verloren zu haben. Er schien mir abhanden gekommen zu sein. Gott interessierte mich nicht mehr. Das war ein Gefühl. Aber ich begann auch, bewußt Argumente gegen den Glauben zu suchen. Nach einiger Zeit überfiel mich eine tiefe Depression. Ich verstand, daß sie die Folge meines »Unglaubens« war, aber ich sagte mir, ich müsse eben durch diese Phase jenes Schmerzes hindurch, den der Abschied von einer überlebten Periode mit sich bringt. Es war eine finstere Zeit. Da träumte ich eines Nachts folgendes: ich stand vor einer Art riesiger Höhle, die sich immer noch mehr ausdehnte, bis schließlich keine Höhle mehr da war, sondern einfach gar nichts. Ich wußte im Traum: dies ist das Nichts. Ich hatte entsetzliche Angst. Ich wollte fliehen und konnte nicht. Ich wußte, daß ich so nicht weiterleben konnte. Auf einmal sah ich am vordern Rand (sozusagen, tatsächlich gab es ja nichts als eben das Nichts) eine Lichtgestalt. Sie war so groß wie ein Mensch, aber sie wuchs rasch und füllte mehr und mehr den grenzenlosen Raum mit ihrem Licht. Schließlich gab es nur mehr Licht. Ich fühlte, daß ich gerettet war.

Aus: Mit wem reden, S. 41/42, (c) 1980 by K. Thienemanns Verlag, Stuttgart-Wien

Geh fort, wenn du kannst

Ich meinte, sie sollte mir erzählen, wie sie darangegangen war, den Garten zu bebauen, aber sie war noch immer bei ihrem Thema, und so antwortete sie auf meine Frage:

»Dann? Dann tat ich einen Schwur: von nun an alle zu lieben und an allen gutzumachen, was ich getan hatte. Darum beschloß ich fortzugehen und eine nützliche Arbeit zu suchen; ich wollte Krankenpflegerin werden und später, wenn Friede sein würde, weiterstudieren und Ärztin in einem Armenviertel werden.«

Ich sagte: »Aber du bist nicht fortgegangen.«

»Nein«, sagte sie, »man ließ mich nicht.«

»Man ließ dich nicht? Aber es war doch niemand da.« Statt einer Antwort zeigte sie, ohne sich umzuschauen, auf das Tor, vor dem wir saßen, und ich sah im Torbogen eingemeißelt eine alte Inschrift, die hieß: »Egredere si potes.« »Geh fort, wenn du kannst.«

Ich verstand nicht, ich konnte ja nicht verstehen.

»Und dies hat dich gehalten?« fragte ich töricht.

Angelina lächelte ein wenig. »Der Satz heißt vollständig: ›egredere modo, frater, egredere si potes‹, und das hat eine Schwester zu ihrem Bruder gesagt, als sie ihn gebeten hatte, die Nacht über bei ihr zu bleiben, um mit ihr zu beten, denn sie wußte, daß sie bald sterben würde. Aber der Bruder sagte, er müsse fort, heim in sein Kloster. Da begann die Schwester, Gott zu bitten, er möchte einen großen Regen schicken, einen so großen, daß ihr Bruder bei ihr bleiben müsse. Gott schickte diesen Regen, ihr zuliebe, und dann sagte sie: ›Nun geh nur fort, wenn du kannst.‹«

Ich lachte, denn dies schien mir eine hübsche Geschichte von einer klugen Frau, deren List sogar Gott nicht widerstehen konnte. Aber Angelina sagte: »Das war keine List, das war Vertrauen. Es waren heilige Geschwister: Santa Scholastica und San Benedetto.«

Ich verstand aber noch immer nicht, wieso die alte Inschrift die Kraft haben konnte, Angelina zu halten. Und nun

kann ich es Ihnen, lieber Herr, nicht ersparen, etwas zu erzählen, was Ihnen als blinder Zufall erscheinen wird. Als Angelina beschlossen hatte fortzugehen und schon auf der Schwelle stand oder jedenfalls dort, wo unter dem Schutt die Schwelle sein mußte, fiel ihr plötzlich jenes Gefäß mit Hostien ein, das sie nicht einfach unverwahrt stehenlassen wollte. So kehrte sie in die Kapelle zurück, um dieses Gefäß in einer Mauernische zu verstecken. Als sie es getan hatte, wollte sie endgültig fortgehen. Aber als sie zum zweitenmal auf der Schwelle stand, glitt sie aus, verstauchte sich den ohnehin noch nicht ganz geheilten Fuß und konnte nicht gehen.
An diesem Tag begann sie, wie sie sagte, mit Gott zu sprechen wie mit einem handgreiflich Anwesenden. Sie sagte voller Zorn zu ihm: »Ich bin deinetwegen umgekehrt, um dieses Brot zu retten, von dem du sagst, es sei dein Fleisch. Und zum Dank dafür hast du mich stürzen und den Fuß verstauchen lassen.« Sie sagte ihm auch, daß er sich täusche, wenn er glaube, sie mit Gewalt hier festhalten zu können, und sie ließ es ihn wissen, daß sie nicht an ihn glaube, und dann fing sie an zu fürchten, sie sei wahnsinnig geworden, denn es schien ihr Wahnsinn, mit einem Wesen zu sprechen, das es nicht gab.
Diese Nacht, es war die Nacht, nachdem sie den Toten gefunden hatte, muß fürchterlich für sie gewesen sein. Sie konnte vor Schmerzen nicht schlafen, und um die lange Nacht zu kürzen, begann sie schließlich beim Schein der Osterkerze in dem einzigen Buch zu blättern, das sie damals fand. Es war das Brevier, lateinisch, und sie versuchte zu übersetzen.
Der erste Satz, auf den ihr Blick fiel, hieß: »Zerrissen ist die Schlinge, und ich bin frei.« Dieser Satz war wie ein Pfeil, der traf, und gleich darauf traf sie ein zweiter: in dem

Buch stand der Name derer, die einst seine Eigentümerin gewesen war: »Maria Angela zur Profeß am 6. Mai 1823.« Maria Angela waren Angelinas beide Taufnamen, und wenn dies auch wirklich ein Zufall genannt werden kann, so war es doch keiner für Angelina in jener Nacht und ist es heute noch weit weniger. Jetzt steht unter jener älteren Jahreszahl eine neue: 24. Juli 1947. Der Name ist derselbe, denn Angelina durfte den ihren behalten und dieses Brevier dazu. Jene erste Maria Angelina ist Äbtissin von Maria del Monte geworden und ihres heiligmäßigen Lebens wegen berühmt. Sie hatte mit ganz kleiner Schrift einen Satz in die rechte untere Ecke der ersten Titelseite geschrieben: »Inveni, quem diligit anima mea.« »Ich fand, den meine Seele liebt.« Der feine Bleistiftstrich unter diesem Satz aber stammt von Angelina; doch sie zog ihn erst später.

Aus: Geh fort, wenn du kannst, S. 68-71, (c) 1959/1976 by S. Fischer Verlag, Frankfurt am Main

Laß uns darüber schweigen

Erst Jahre später hat mir Angelina den Verlauf jener Begegnung erzählt. Die Madre Äbtissin hatte gesagt, Antonio sei gekommen, er habe mit ihr gesprochen, er habe sie gefragt, ob Angelina noch frei sei und mit ihm kommen könne, er wolle sie heiraten. Die Madre sagte ihm, Angelina sei noch frei, und er möge sie selbst fragen. Zu Angelina sagte sie, sie wolle ihr keinen Rat geben, aber Antonio sei ein guter, kluger, tapferer Mann, und seine Liebe sei groß und stark, er habe eine wichtige Stellung in der neuen Regierung und könne Gutes wirken, und es wäre keine schlechte Wahl, wenn Angelina ihm folgen würde.

Angelina war entsetzt. »Was habe ich getan, daß Sie mich nicht behalten wollen?«
Die Madre antwortete ungerührt, wie es schien: »Sie mißverstehen mich. Ich will Sie weder halten noch fortschicken. Sie sollen entscheiden. Auch das Leben in der Ehe ist gut und gottgewollt.«
»Warum versuchen Sie mich so?« fragte Angelina.
»Gehen Sie jetzt«, sagte die Madre.
Angelina war den Tränen nahe. »Ich bitte Sie, mir diesen Gang zu ersparen.«
Die Madre aber sagte streng: »Gehen Sie. Feigheit hilft hier nicht weiter. Stellen Sie sich dieser Begegnung. Gott wird Ihnen helfen.«
Und Angelina ging. Unser Sprechzimmer hat ein doppeltes Gitter, und man kann sich die Hände nicht reichen. Auch sieht man sich, wenn man nicht ganz nahe an das Gitter geht, nur undeutlich im Schatten. Antonio sei auf und ab gegangen, er war ja schwer verwundet gewesen, und das Aufschlagen des Stockes auf dem Pflaster sei kaum erträglich gewesen. Er habe Angelina, die leise ans Gitter getreten war, lange nicht bemerkt. Sie aber sah ihn, und sie brauchte mir nicht zu erzählen, was sie dabei empfand.
Dann begann sie zu sprechen. Sie fragte ihn, wo er lebe und was er arbeite, sie fragte ihn nach dem Stand der Reformen, von denen sie gehört habe, und er antwortete ihr höflich und nüchtern. ... Dann schwiegen sie beide. Antonio hörte auf, hin- und herzugehen, aber er kam nicht ans Gitter, er blieb mitten im Zimmer stehen, und von dort aus tat er schließlich die Frage, um derentwillen er gekommen war: »Und du, Angelina? Wirst du jetzt mit mir kommen als meine Frau? Du weißt, daß außer dir keine Frau in meinem Leben war und auch keine sein wird.«

Sie aber sagte nichts als das: »Du weißt es selbst, es ist uns nicht bestimmt. Warum bist du gekommen?«
»Ja«, erwiderte er leise und verletzt, »warum bin ich gekommen.«
Dann trat er mit einem Schritt ans Gitter und rief: »Warum, warum? Wenn du das nicht weißt ...«
»Ich bitte dich, mir zu verzeihen«, sagte Angelina, »aber ich kann nicht mit dir gehen. Ich habe mich entschieden. Dies gilt für immer. Vergiß mich, oder besser: verzichte. Auch ich ...« Hier sei ihre Kraft zu Ende gewesen. Sie haben sich angesehen durch das doppelte dunkle Gitter hindurch, dann war Antonio rasch und für immer fortgegangen.
Als mir Angelina dies erzählte, waren mehr als drei Jahre darüber hingegangen, aber selbst diese drei Jahre hatten nicht vermocht, das Andenken Antonios in ihr zu verringern.
»Wie sehr mußt du ihn geliebt haben«, sagte ich.
»Ja«, erwiderte sie einfach, »ich habe ihn geliebt, und auf meine Weise liebe ich ihn noch. Ich werde ihn immer lieben. Aber was ist dies alles, die Liebe und der Schmerz, gegen die Freude der Taube, die des Vogelstellers Schlinge entronnen ist und ihr Nest gefunden hat? Du weißt es ja selbst. Und jetzt laß uns darüber schweigen.«

Aus: Geh fort, wenn du kannst, S. 129-132, a.a.O.

Der Hochmut des Dienens

Der Hochmut des Dienens: schlimmste aller Lügen. Nichts begriffen vom Christentum. Verstehen Sie? Christsein identifiziert mit Bravsein, mit dem Sich-die-Hände-sauber-Halten, mit dem reinen geordneten Herzen. Ohne Risiko. Ohne den Mut sich den andern zu öffnen, hinzugeben. Das schön aufbewahrte Taufkleid, ängstlich gehütet; als sei damit alles getan. Aber was sonst, wo ist das Wahre? Die Liebe, steht geschrieben. Das ist es. Wir sollen lieben und können es nicht. Wir sollen Christen sein, und uns fehlen die Voraussetzungen dafür. Ehe Christus kam, genügte die Tugend. Ein männlich tapferes Leben, wohlwollend allem Geschaffenen gegenüber, auf Ehre, Macht, Besitz, Ordnung bedacht. Das war zu leisten vom Menschen. Die Ankunft Christi hat unsre Lage verschlechtert. Wir wissen, was von uns erwartet, nein, gefordert wird, gefordert auf Leben und Tod, verstehen Sie, bedenken Sie das, und wir haben einfach die Kraft nicht dazu. Wäre Christus nur nicht gekommen.

Uns zur Rettung kam er? Nein: zu unsrer Verdammnis. Jetzt können wir nicht mehr nach Menschen-Maß leben, jetzt werden wir mit dem göttlichen Maß gemessen. Wir! Wir, die nicht einmal große Sünder zu sein vermögen. Als ich das alles erkannt hatte, ich meine: als diese Gedanken den Kern meiner Person erreicht hatten, da gab ich es auf, Christ zu sein. Was das heißt? Ich verlor zuerst das Vertrauen auf Gott, das heißt die Hoffnung darauf, daß er uns lieben möge, so wie wir sind, und dann verlor ich, logischerweise, es gibt nichts was zwingender daraus folgte, den Glauben. Ich habe immer behauptet, man könne den Glauben nicht verlieren, wenn man ihn je voll besessen hat. Aber man kann es. Es erfolgt nur anders herum: der Glaube verliert uns. Unglaube, das ist doch nicht: an der Lehre zweifeln oder Atheist sein. Ein Atheist, das ist einer, der will, daß etwas, das ist, nicht sei. Aber man kann doch nur von etwas wollen, daß es nicht sei, von dem man weiß, daß es ist. Zweifler, Atheisten, Spötter,

Lästerer, ach, die sind immer noch in der lebendigen Nähe Gottes, sie nehmen ja gegen ihn Stellung, er ist ja Wirklichkeit für sie. Aber ich ... Was antworten Sie mir auf die Frage: Geht es Sie etwas an, daß die Erde sich um die Sonne dreht? Ich meine: beeinflußt es Ihr Denken, Ihr Sein? Geht es Sie etwas an, daß der Weidenbaum unfruchtbar ist oder daß jetzt in Kalifornien die Morgendämmerung kommt? Fakten, alles Fakten, es fällt Ihnen gar nicht ein sie zu leugnen, aber Sie sind nicht davon betroffen, diese Fakten sind für Sie gar nicht da. Und das, sehen Sie, das war mir Gott geworden: ein Faktum, das mich nicht betrifft, mir so gleichgültig wie die Unfruchtbarkeit der Weide. Und das nenne ich: nicht mehr glauben. Die unendliche Apathie, die einen befällt, wenn Gott sich zurückzieht. Und so habe ich mein Amt ausgeübt, Jahr für Jahr, ein vorbildlicher Geistlicher meiner Kirche. Ein Toter zufrieden mit seinem Totsein. Wissen Sie, was das ist, so zu leben? Das ist die Hölle. Leiden, das ist, was Ihr Katholiken Fegefeuer nennt. Hölle, das ist der Ort ohne Leiden. Die Parodie auf den Himmel. Das schmerzfreie Leben, das Satan geben kann. Aber da kam nun dieser Schrei meiner Katze. Und auf einmal litt ich wieder. Die Hölle hat sich geöffnet. Aber wohin mit mir jetzt? Mein Amt habe ich verspielt. Jeden Anspruch darauf, andern etwas zu sein, habe ich verloren. Für immer. Dafür ist meine Katze zu spät gestorben. Meine Kirchenbehörde hat mein Gesuch genehmigt, sie entläßt mich. Wohin? Ich weiß es nicht. Ich weiß es buchstäblich nicht. Vielleicht mache ich eine lange Reise. Vielleicht sterbe ich bald. Ich rufe den Tod nicht. Ich lege keine Berufung gegen das Urteil ein, das mir befiehlt zu leben. Ich gehe. Vorigen Sonntag habe ich zum letzten Mal das Wort verkündigt, das Abendmahl gefeiert, gestern zum letzten Mal ein Kind getauft und eine Ehe … Er hörte einfach auf zu sprechen. Ich horchte, ob er vielleicht weinte, es hätte sein können. Aber ich hörte nichts. Ich sah auch nichts mehr von ihm. Es war ganz finster geworden. Ich wartete. Auf einmal sagte er: Der Tod wäre besser. Selbstmord. Ihnen zeigen, wohin es führt, wenn man Gott ausklammert aus dem Leben. Ich habe es früher oft gesagt, ich habe das Wort gepredigt, ich spreche von jener Zeit, in der ich noch in der Wirklichkeit Gottes lebte. Ich habe gepredigt, und sie haben mir nicht geglaubt. Vielleicht würden sie dem Toten glauben, daß man, ungläubig geworden, nur mehr den Tod wählen kann. Vielleicht würde es sie erschrecken. – Ich hörte, daß er sich mir zugewandt hatte. Der letzte Satz war eine Frage an mich. Was sollte ich sagen? Durfte ich sagen, was ich dachte: Herr Pastor, ich sehe, Sie wollen um jeden Preis Märtyrer werden; der Tod als Sühne für die leidende Kreatur, oder der Tod als Schock für die Sünder, es läuft aufs gleiche hinaus; wie jung Sie noch sind, Herr Pastor, daß Sie von der Märtyrergloriole träumen; spirituelle Indianer-Abenteuer sind das, weiter nichts, das sage ich Ihnen, so jung ich bin. Das wollte ich ihm sagen, aber ich sagte es nicht, wozu auch, und ich verstand ihn ja so gut, ich hätte genau so reden können wie er.

Aus: Ich bin Tobias, S. 89-91, (c) 1966 by S. Fischer Verlag, Frankfurt am Main

Aus Liebe zur Liebe

»Ob ich an Gott glaube? [– fragt der Geistliche –] Ich weiß nicht. Weder ja noch nein. Ich beschäftige mich nicht mit solchen Dingen.«

»Und Sie wollen über Franz schreiben?«
»Warum denn nicht?«
»Freilich, man kann über alle schreiben, nicht wahr?«
»Grundsätzlich ja.«
»Aber über Franz können Sie nicht schreiben.«
»Warum nicht?«
»Weil Sie von diesen Dingen nichts verstehen.«
»Würden Sie mir bitte erklären, was Sie unter ›diesen Dingen‹ verstehen?«
»Sie selbst haben von ›diesen Dingen‹ gesprochen, ich muß also annehmen, daß Sie wissen, was Sie damit meinen.«
»Eins zu Null für Sie. Aber wir sollten doch feststellen, ob wir unter ›diesen Dingen‹ die genau gleichen verstehen.«
»Gut, was verstehen Sie darunter?«
»Religion.«
»Was ist das?«
»Nun: der Glaube an ein Wesen namens Gott, das alles geschaffen hat und das Geschaffene erhält und regiert.«
»Ist das alles?«
»Nein, aber ich bleibe schon hier hängen. Ich finde nämlich, daß dieser Gott, wenn es ihn gibt, die Welt zwar vielleicht gut gemacht und sich ihre Entwicklung vernünftig gedacht hat, daß er sie aber aus der Hand verloren hat. Ich finde, daß ihm alles immer schlechter gerät. Wäre ich er, ich ließe nicht an einigen Stellen der Erde jahrelang keinen Regen fallen, an andern aber jedes Jahr das Land mit Wasserfluten überschwemmen, so daß hier wie dort die Ernten vernichtet werden und die Menschen verhungern. Zum Beispiel. Ich ließe auch nicht einige wenige Leute reich werden und die meisten arm bleiben. Ich ließe keine Kriege zu, das heißt, ich hätte die Menschen ohne Haß und Habgier erschaffen. Ich hätte keine Tuberkeln und keine Leprabazillen erschaffen. Und so fort. Kurzum: Was

für ein Gott ist das, an den ich glauben soll, wenn er mir nicht gefallen kann? Warum lächeln Sie?«

»Weil Sie so gut wie ich wissen, daß an den meisten Leiden auf unserer Erde nicht Gott, sondern der Mensch schuld ist, und daß Gott dem Menschen Freiheit gab, gut oder schlecht zu wirtschaften auf dieser Erde. Ich meine, Sie sind zu intelligent, um das nicht zu wissen. Sie wissen auch, daß das Problem ein anderes ist. Nicht was Gott tat oder nicht tat, ist die Frage, sondern was der Mensch tut oder nicht tut, um das, was übel ist, gut zu machen aus Liebe zur Erde, aus Liebe zum Mitmenschen, aus Liebe zur Liebe.«

»Ist das Religion?«

»Es ist die Außenseite.«

»Und die Innenseite?«

»Können Sie Hebräisch? Nein? Aber ich. Wenn ich Ihnen dieses Buch hier aufschlage, so sehen Sie Zeichen. Können Sie sie deuten? Nein. Ich habe Hebräisch gelernt, ich kann lesen und begreifen, was hier steht. Man muß in einer Sache leben, um sie zu kennen.«

»Zwei zu Null für Sie. Sie wollen mir sagen, daß man wissen muß, warum man sich sozial engagiert, oder?«

»Man muß die letzten Zusammenhänge sehen. Den Menschen helfen, daß sie mehr verdienen und besser leben, ist gut. Aber es genügt nicht. Das macht sie nicht glücklich. Man muß ihnen aus ihrer Einsamkeit heraushelfen, man muß sie lieben, man muß … Warum schauen Sie mich so an? Spreche ich Hebräisch für Sie?«

»Nein, nein, aber …«

»Aber was?«

»Nichts, nichts. Aber vielleicht sollten Sie mir doch lieber handfeste Informationen geben, ich meine über diesen Franz.«

»Ich erzähle ja von ihm!«
»Schon, aber das ist nichts, worüber ich schreiben kann.«
»Sagte ich es Ihnen nicht, daß Sie nicht über Franz schreiben können, wenn Sie nicht an Gott glauben? Aber ich will Ihnen doch erzählen, was ich weiß an simplen Fakten.«
»Mit denen jemand wie ich, der nichts versteht, etwas anfangen kann, das wollen Sie damit sagen?«
»Hören Sie zu: Ich habe Franz getauft vor rund dreißig Jahren. Auf Wunsch seiner Mutter habe ich ihn Johannes getauft. Der Vater war auf einer langen Geschäftsreise. Als er zurückkam, verlangte er, das Kind müsse Francesco genannt werden, und warum? Weil das Geschäft einen neuen Wollstoff auf den Markt gebracht hatte, mit dem es ein Vermögen verdiente. Der Stoff war nach französischer Art gewebt, und man hieß ihn darum Francesco, und das Kind nannte man nach dem Stoff, vermutlich sollte der Name dem Kind Glück bringen, das heißt Reichtum.«
»Und was sagte die Mutter zu der Umbenennung?«
»Sie wurde nicht gefragt. So begann das Leben dieses Kindes mit einer Last und einer Spannung zwischen dem, was die Mutter in ihm sah, und dem, was der Vater aus ihm machen wollte. Äußerlich ging alles gut. Das Kind wurde verwöhnt: vom Vater mit Geld, von der Mutter mit Liebe. Zum Glück mußte der Vater die Erziehung der Mutter überlassen, er war zu sehr beschäftigt. Die Mutter erzog Franz in ihrem Sinne.«
»In welchem?«
»Sie war fromm und liebte die Armut.«

Aus: Bruder Feuer, S. 66-68 der Taschenbuchausgabe, Frankfurt am Main, 1978; (c) 1975 by Weitbrecht Verlag in K. Thienemanns Verlag, Stuttgart-Wien

Franz und Klara

»Einmal sollte Franz im Auftrag seines Vaters ein paar Ballen Stoff nach Foligno bringen und dort verkaufen. Das tat er, aber er brachte das Geld nicht zurück und kam auch selber nicht zurück. Er hatte, das weiß man inzwischen, das Geld zum größten Teil verschenkt, und zwar an einen Priester, dessen Gemeinde so arm war, daß Kirche und Pfarrhaus noch verfallener waren als die Häuser der Armen dort. Und Franz war dort geblieben und half beim Wiederaufbau. Als sein Vater das erfuhr, nachdem er von einer langen Geschäftsreise zurückkam, war er außer sich und ließ seinen Sohn von der Polizei holen und vor Gericht bringen, und es kam zu einer schrecklichen Szene. Der Vater schrie: ›Du Herumtreiber, Asozialer, Krimineller, gib mir mein Geld zurück!‹ Und Franz gab ihm den nur mehr halbvollen Beutel. Dann zog er sich aus, schweigend, Stück für Stück legte er ab und machte ein Bündel daraus und legte es auf den Boden, und als er splitternackt dastand vor allen Leuten, sagte er: ›Nimm alles zurück, was dir gehört, jetzt bist du von mir befreit, und ich bin's von dir, ich habe keinen Vater mehr.‹ Dann drehte er sich um und ging fort und kam nie wieder.«

[...] »Es gab noch einen anderen Skandal seinetwegen. Das war, als Klara in seine Kommune ging.«

»Wer ist Klara?«

»Sie ist eine junge Gräfin, ihrem Vater gehört fast das ganze Land ringsum. Er ist viel reicher noch als der Vater Bernardone. Klara war sehr schön, und sie hatte an jedem Finger zehn Verehrer, aber sie wollte nicht heiraten, und niemand wußte warum. Es kann sein, daß sie schon als Kind den Franz gekannt hat, später jedenfalls hat sie ihn geliebt, sicher, und er liebt sie auch, das weiß ich, aber es

war nie eine der üblichen Liebesgeschichten. Der Franz hatte viele Mädchen, aber die Klara war für ihn etwas ganz anderes, von Anfang an.
[...] Später, als Franz schon seine erste Kommune gegründet hatte, verschwand Klara eines Nachts und ging zu ihm. Franz wußte, daß sie kommen würde, und alle in der Kommune wußten es, und sie warteten feierlich auf sie. Sie kam in ihrem schönsten Ballkleid und mit all ihrem Schmuck, und sie führten sie in die Hütte, die sie damals bewohnten oben auf dem Berg, und dort zog sie ihre Kleider aus und legte den Schmuck ab, und Franz gab ihr einen alten Bauernkittel und Holzpantoffeln, und dann schnitt er ihr das schöne, lange blonde Haar ab.«
[...] »Den Schmuck und die Kleider verkauften sie und gaben das Geld den Armen in der Stallsiedlung. Und von da an lebte Klara in der Kommune. Aber nicht genug noch: eine Weile später gingen auch Klaras Schwestern, die Agnes und die Beatrice, in die Kommune, und zuletzt auch noch die Mutter.«

Aus: Bruder Feuer, S. 33-35, a.a.O.

Epiphanie des Göttlichen

Weihnacht 1982. Jemand schickt mir statt einer Weihnachtskarte ein Foto: eine armselige, unordentliche Ecke in einem Ausländer-Lager: eine Familie, vielleicht Vietnamesen, junge Eltern; ein neugeborenes Kind; die Mutter noch erschöpft von der Geburt; der Vater daneben kniend und still auf sein Kind blickend, das auf einem Brett liegt, das Köpfchen auf einem zusammengefalteten Handtuch, ein Bett gibts nicht, nichts gibt es, was es geben sollte.

Nicht einmal jene Krippe mit Heu. Nicht einmal den warmen Atem von Ochs und Esel im Stall. Keinen Stern gibts überm Dach und keine vom Frieden singenden Engel und keine »Heiligen Drei Könige« mit Geschenken. Nichts als Armut und Verlassenheit.
»Sie fanden keinen Platz in der Herberge«, genannt Erde. Ein Kind ist geboren. Der Gott hat sich zum viel-millionsten Mal inkarniert in einem Menschenkind der Allerärmsten. Der junge Vater auf dem Foto in der anbetenden Haltung des Heiligen Joseph, die junge Mutter mit dem Madonnenblick der Liebe. Das Wunder neugeborenen Lebens. In welche Welt hineingeboren? Welches Menschenschicksal hat der Gott dieses Mal auf sich genommen?
Was sage ich da? Habe ich eigentlich ganz und gar begriffen, was das heißt: ein Mensch ist geboren? Was ist das: ein Mensch? Eine Epiphanie des Göttlichen auf unsrer Erde. Jeder von uns: eine göttliche Offenbarung. Ob diejenigen, welche »abtreiben«, wissen was sie tun; und ob diejenigen, die so zelotisch dagegen schreien, eigentlich wissen, wovon sie reden? Dieses Flüchtlings- oder Gastarbeiterkind auf dem Foto, es ist göttlicher Herkunft.

Aus: Im Dunkeln singen. 1882-1985, S. 40/41, (c) 1985 by S. Fischer Verlag, Frankfurt am Main

Gott in Menschengestalt

Gelesen: Vor der Revolution wurde in einem taoistischen Kloster in Peking ein langes Fest gefeiert zu Ehren des Begründers der »Nördlichen Taoisten«. Am letzten Tag, am Geburtstag dieses Mannes, steigt der Unsterbliche vom Himmel herab und mischt sich verkleidet unter die Menge.

Wer ihm begegnet, wird großes Glück haben im neuen Jahr. Der Unsterbliche kann als Bettler erscheinen oder als Beamter oder als alte Frau oder auch als Esel oder Hund. Und wie erkennt man ihn? Man muß scharf zusehen, ob nicht irgendeiner aus der Menge sich plötzlich in Nichts auflöst. Das war *Er.* »Wohl dem, der ihm Geld gegeben oder sonst Barmherzigkeit erwiesen.«
Zur Folklore gewordene große Weisheit und Wahrheit. Wir kennen sie aus unsrem Evangelium: »Ihr habt mich gespeist, getränkt, getröstet ...« Aber wann wären wir *Ihm* begegnet? »Was Ihr dem geringsten meiner Brüder getan, das habt Ihr mir getan.« Noch deutlicher in einem der apokryphen Evangelien: »Du trittst einen Stein und trittst *mich.*« Der verkleidete Kalif aus Tausendundeiner Nacht, der den Basar besucht und sein Volk prüft, ob es dem Fremden Gutes tut. Ein uraltes Wissen davon, daß der Gott unter uns weilt in Menschengestalt. Er kann jedermann sein. Er *ist* jedermann. Das sagt sich so. Aber danach leben!!!

Aus: Kriegsspielzeug. Tagebuch 1972-1978, S. 33, (c) 1978 by S. Fischer Verlag, Frankfurt am Main

Vorstellungen töten

Begegnest du Buddha – so bring ihn um. Was für ein dunkles Wort. Natürlich versteht jeder, daß das eine Metapher ist. Man kann »dem Buddha« nicht mehr begegnen, der vor 3000 Jahren gestorben ist, und man kann ihn also nicht töten. Was ist gemeint?
Der Buddha, dem man begegnen kann, ist nicht *der* Buddha, vielmehr: er ist nur der Buddha, der eine von vielen

Manifestationen des Dharma ist, des ungreifbaren »Gottes«. Man muß alle Vorstellungen fallenlassen. Man muß das reine ewige »Nichts« erfahren.
Und sollen wir unsern Christus umbringen, wenn wir ihm begegnen würden?
Niemand sei entsetzt über dieses Wort. Man muß nur die falschen Vorstellungen töten. Hat nicht Jesus selbst gesagt, man müsse durch ihn hindurch »den Vater« sehen?

Aus: Wir Heimatlosen. 1989-1992, S. 85, (c) by S. Fischer Verlag, Frankfurt am Main

Mitten am Werk

Da wir Gott uns nicht vorstellen können, neigen wir dazu, ihm keine Wirklichkeit zuzuschreiben und nicht an ihn zu glauben. Aber es gibt niemand, der nicht glaubte. Atheisten sind Gläubige, sie setzen nur an Stelle des Wortes Gott ein anderes, etwa Weltgeist oder die sich aus sich selbst entwickelnde Materie, oder dergleichen, und geben damit zu, daß sie an eine Kraft glauben, die den Kosmos schafft und erhält. Wir wissen aus der modernen Naturwissenschaft, daß die Welt nicht in sechs Tagen erschaffen wurde, sondern, daß ein »Tag« eine ganze Weltzeitepoche meint, aber wir wissen auch, daß die Reihenfolge stimmt, in der nach der Bibel die Wesen erschaffen wurden; noch mehr: daß die Schöpfung noch nicht abgeschlossen ist; der siebte Tag steht noch aus, an dem Gott »ruhen« wird. Noch ist er mitten am Werk. Und was schafft er? Ist nicht alles schon da? Ist außer dem Menschen noch etwas denkbar, das erschaffen werden könnte? Nein – aber der Mensch ist noch im Werden! Wir sind gedacht als Krone der Schöpfung, aber leider sind wir's noch nicht, wir sind auf dem Wege. Das fühlen wir, darum sind wir unruhig, darum streben wir. Wir meinen, daß wir uns nur für uns selbst anstrengten, moralisch, intellektuell und geistig uns weiterzuentwickeln. Gewiß tun wir es auch für uns, aber wir tun es im Auftrag des Schöpfers und im Hinblick auf die eigentliche Menschwerdung des Menschen. Wir dienen dem Weltplan, jeder an seiner Stelle.

Aus: Gespräch von Mensch zu Mensch, S. 12/13, 1967 Echter-Verlag, Würzburg - vergriffen - mit freundlicher Genehmigung der Autorin

Urerfahrung der Liebesumarmung

Die Liebesumarmung

Es ist vor allem die Liebe, die mich Gotteserfahrungen machen ließ, wenn man unter Gotteserfahrung versteht: aufgenommen sein in einen wortlosen, bildlosen Strom. In der erotischen Umarmung habe ich erlebt, was damit gemeint ist, daß eigentlich der Eros, verbunden mit dem Sexus, uns als Bild und Gleichnis dafür gegeben worden ist, was man erleben kann mit Gott.

Die Liebe muß nun nicht nur die erotisch-sexuelle Liebe sein. Ich will dazu eine Geschichte erzählen, bei der ich sehr viel erfahren habe. Ich bin einmal gebeten worden, in Giesing, einer Münchner Vorstadt, eine Religionsstunde zu geben.

Vor mir hatte ich eine richtige Giesinger Bande, so an die fünfzig Schüler. Ich wußte nicht, was sie mich fragen würden, und ich war auf sehr schwierige Fragen gefaßt. Und dann kam eine Frage wie die: »Muß man am Sonntag in die Kirche gehen?« Ich war sehr enttäuscht über diese, wie mir schien, primitive Frage. »Du magst es nicht, weil du mußt?« »Nein. Ich verstehe nur nicht, was das alles bedeutet.«

Es ist natürlich ungemein schwierig zu erklären, was »Eucharistie« ist. Ich habe es versucht. Ich sagte etwa so: Die Messe ist ein Gastmahl, ein gemeinschaftliches Essen. Was man da ißt, scheint ein rundes weißes Stückchen Papier zu sein, die Hostie genannt. Tatsächlich aber ist es ein ganz dünnes Scheibchen Weizenbrot. In der Ostkirche bekommt man ein richtiges Bröckchen Brot. Da versteht man besser, daß das, was man ißt, ein Stück von einem großen Brotlaib ist. Dieser Brotlaib ist so groß wie unsere Erde. In diese Erde hineingeboren ist Jesus, als er Mensch wurde. Er hat die ganze Erde mit sich erfüllt. Er ist das große Brot, von dem wir in der Kommunion essen. Kommunion bedeutet Gemeinschaft. Wir essen in Gemeinschaft. Das ist wichtig. Indem wir gemeinsam vom gleichen Brot essen, werden wir eine Einheit. Das ist es, was in der Messe geschieht. Das Zeichen dafür, daß wir alle gleicherweise erfüllt werden vom Geist Jesu, dem Geist der Liebe.

So etwa sagte ich. Ich hätte auch sagen können: in dem Brot, diesem Stück Materie, manifestiert sich der ewige, göttliche Geist. Materie und Geist: ein für mich faszinierendes Thema.

In jener Religionsstunde tauchte die Frage auf, ob man Gott denn nicht »wirklich sehen« könne, nicht nur als Brot. Ein Fünfzehnjähriger sagte, er habe einmal Gott gesehen, könne aber nicht beschreiben, wie er aussah; er war eben da. Eine andere Schülerin, Friseurlehrling, sagte: Sehen könne man Gott nicht, »aber wenn ich beim Frisieren so ein Kinderköpfchen streichle, dann weiß ich...«. Sie zögerte, dann sagte sie leise: »Dann weiß ich...«. Sie wollte sagen: Dann spüre ich Gott in diesem Kind.

Besser kann man es nicht sagen, nur anders: Wenn ich liebe, fühle ich Gott.

Einen Ausweg aus der heutigen Krise – nicht nur bei der Jugend – sehe ich im Zurückfinden zum ursprünglichen Bild der Umarmung.

Jeder Mensch braucht eine Liebesumarmung. Meine Herz-Jesu-Mystik vom Kindesalter her war ja eine Liebesmystik, eigentlich hätte ich sagen müssen, eine erotische Umarmung mit Jesus, nämlich das Einswerden. Die Mystiker haben viele Bilder aus dem erotischen Leben.

Wenn man wirklich eine geglückte Umarmung hat, dann ist man im Augenblick des Höhepunkts »hinweg«. Das ist eine Art von Tod, von Eingehen ins Nirvana. Der Tod: Eine letzte Umarmung, eine erotische Umarmung.
Der Tod wird ja oft so dargestellt (von Drewermann gibt es dazu auch ein paar hinreißende Märchendeutungen), als derjenige, der einen Sterbenden liebend umfängt. Darum habe ich zuerst einmal gesagt, ich habe das Gefühl, es wird mich etwas umfangen, wenn ich sterbe, darum habe ich keine Angst davor. Da muß irgendein Liebender oder etwas Liebendes dasein, oder aber ich falle in die Urliebe zurück. Eigentlich ist mir ganz gleichgültig, was dann aus »mir« wird. Ich habe im Sommer 1992 eine schwere Krise gehabt. Ich war am Ende meiner physischen Kräfte. Da gab es eine Stunde, in der ich mich ausgestreckt hinlegte und sagte zu den Unsichtbaren: »So, jetzt, jetzt bin ich bereit, jetzt holt mich. Ich bin so schön bereit. Jetzt stoßt mich nicht mehr zurück. Holt mich jetzt ab.« Aber es war noch nicht an der Zeit, keiner war willens, mich abzuholen. Ich muß also weiterleben.
Eine Todessehnsucht als Liebeserklärung – so kann man sagen. Zurück zur Urliebe. Jetzt hol mich. Komm, nimm mich. Was ich zum Geliebten sagen kann. Jetzt nimm mich. In einem geglückten Liebesakt ist man ja nicht mehr »ich«.

Erstveröffentlichung: Aus einem Gespräch 1992, a.a.O.

Die Lilie

Ich hatte nicht mit der kreativen Kraft meiner Erinnerungen gerechnet und nicht mit dem Einbruch dunkler Mächte aus der Tiefe meines Unbewußten. Während ich, streng bestrebt, meine Lilie darstellend zu erfassen, indem ich sie ansah, beroch, befühlte, geschah etwas mit mir: ich, die nie eine Blume zerstört hatte, die vielmehr jede weggeworfene aufhob und sie, auch wenn sie schon verwelkt war, hoffnungsvoll ins Wasser stellte, was tat ich jetzt? Ich riß Blatt um Blatt ab, ich »brannte darauf, die Lilie zu zerstören«.

So schrieb die junge Autorin 1939. Sie schrieb so, als handle es sich dabei um etwas Fernliegendes aus der Kindheit. Aber nicht in der Kindheit hat sie die Lilie zerstört, sondern als Achtundzwanzigjährige, als sie beabsichtigte, eine exakte Beschreibung einer Lilie zu liefern, weiter nichts. Wie kam es dazu? Was steckte dahinter, darunter? Doch eine Erinnerung aus der Kindheit? Hat sie einmal etwas Ähnliches erlebt, das sie nun verarbeitet?

Dies ist der kleine Realitätskern: in unserm Heimatdorf trugen die Schulkinder bei der Fronleichnamsprozession Blumensträuße. Aber in Wessobrunn taten sie das nicht. Meine Mutter bestand darauf, ich müsse auch hier einen Strauß tragen. Sie schnitt die Blüten eines Alpenveilchenstocks ab, und die mußte ich, zum Sträußchen gebunden, tragen. Große Qual, anders sein, anderes tun zu müssen als andre. Aber habe ich jenen Strauß wirklich zerstört? Ich weiß es nicht. Ich glaube es nicht. Aber ich *wollte* ihn zerstören, das ist sicher. Die nicht-gewagte Zerstörung holte die Achtundzwanzigjährige nach.

Warum aber machte sie aus den harmlosen Alpenveilchen eine pompöse Lilie? Warum mußte es eine Lilie sein, die nun zerstört wurde? Ein gescheiter Kritiker sagte mir einmal, er halte die Geschichte von dieser Lilie für die perfekte Darstellung einer Defloration. Er irrt: es ist die Geschichte eines perfekten Muttermordes. Wer hatte mich zu meiner Qual gezwungen, anders zu sein als alle anderen? Wer bestimmte da über mich und mein Schicksal? Meine Mutter. Sicher hatte ich sie gebeten, davon abzusehen, mir den Strauß aufzunötigen, und sicher hatte sie nicht auf mich gehört, und sicher schimpfte sie mich aus, und sicher erwiderte ich aufsässig, und sicher mußte ich mich fügen. So war es immer und immer. Mußte ich nicht wünschen, von diesem Zwang befreit zu sein? Und war dieser Wunsch nicht ein Todeswunsch? Wer von uns hat sich nicht den Tod eines Unterdrückers gewünscht und diesen Wunsch ganz tief ins Unbewußte gedrängt? Ich hatte ihn verdrängt. Mit achtundzwanzig brach er auf aus dem Abgrund. Ich wußte es nicht, aber ich tat das Richtige, das Befreiende: ich tötete die Lilie, ich mordete die Mutter-Abhängigkeit in mir.

Aber warum die Lilie statt der Alpenveilchen? Nur aus ästhetisch-formalen Gründen? Warum keine Rose oder Iris? Warum gerade eine weiße Lilie?

Heißen diese weißen Lilien nicht auch Josephslilien? Und hieß mein Vater nicht Joseph? Und ist die Lilie nicht das Symbol der Jungfräulichkeit? Dies alles fällt der Autorin erst jetzt ein, 1979. Versteht sie jetzt endlich ihre eigene Liliengeschichte?

Die Mutter wollte, daß ich nie heirate. Warum? Wollte sie, daß ich meine unversehrte Jungfräulichkeit durchs Leben trage? Wieso, wozu aber? Mißgönnte sie mir das, was sie selbst offenbar besaß: die erotische Liebe eines Mannes? Ihre Ehe war ganz gewiß rundherum erfüllt, und wenn sie ihrem Mann, als er gestorben war, rote Rosen aufs Sterbebett streute, so war das keine Theatergeste.

Oder meinte sie, ich, die studieren durfte, sie nicht, müsse damit zufrieden sein und nicht auch noch Ehe und Umarmung haben? Sie war immer gegen mein Studium gewesen. Wäre es nach ihr gegangen, ich hätte den »Kolonialwarenladen« meiner Firmpatin Karolina Drexler in Thannhausen übernehmen müssen (dies einer der winzigen Realitätskerne in »Mitte des Lebens«, wo Nina so einen Laden führen muß, aus anderen Gründen freilich). Aber warum drängt sich mir der Name »Josephslilie« so hartnäckig auf? Mein Vater, Joseph, liebte mich. Er versuchte meine Heirat mit bösen Mitteln zu hintertreiben, davon später ein trübes Kapitel. War es der Vater, der auf meiner Jungfräulichkeit bestand und, wie der Zwerg Fafner auf dem Rheingold, auf ihr hockte? Handelte die Mutter in seinem stillschweigenden strengen Auftrag? War meine Lilienzerstörung vielleicht kein Muttermord, sondern der Vatermord? Der Elternmord etwa? Und geschah dieser Mord nicht ganz kurze Zeit vor meiner Heirat?

Aber war ich dann frei?

Ich lese nach in meinem ersten Buch »Die gläsernen Ringe« in der Erzählung »Die Lilie«: »... Ich fühlte, wie nach und nach jeder Widerstand der Pflanze schwand, bis ich nur mehr Fetzen von etwas ehemals Lebendigem hielt. Plötzlich rührte sich das Totgeglaubte in meinen Händen ... Das Zerknüllte richtete sich auf zu einem letzten anklagenden Widerstand ... An einer Wegbiegung ließ ich es fallen ... Ich kam zu mir ... Ich begriff nicht mehr, was ich getan hatte.«

Der perfekte Elternmord ist mir nicht gelungen. Mein Leben lang bedrückte mich ihre Existenz. Nun sind sie beide tot, und ich denke in großem Mitleid an sie: auch ihnen gelang es nie, ihr unbequemes, ihr ehestörendes einziges Kind zu verstoßen.

»Die Lilie« wurde der Grundstock meines ersten Buches.

Aus: Den Wolf umarmen, S. 18-20, a.a.O.

Vergehen vor Lust und Qual

Eines Tages im Mai stand ich vor der endlos scheinenden Wiese. Kurz vorher war ein leichter Sprühregen niedergegangen, ein Ausläufer eines fernen Gewitters. Das Gras, das nicht hoch war, duftete. Feucht beglänzt sah ich die Gruppe der Pappeln aufragen. Wie im Traum ging ich und stand endlich vor den Sträuchern, die das Geheimnis verbargen.

Ich bog die Zweige zur Seite: Liguster, Flieder, Geißblatt und Weide, ein fast tropisch wucherndes, unmäßig blühendes Gewirr. Ich durchbrach das Gestrüpp. Tropfen sprühten von den Zweigen und zersplitterten regenbogenfarbig. Ich stand vor einem kleinen Teich, der auf zwei Seiten eingefaßt war von zerbröckelten Resten einer alten Ummauerung. Die Steine waren übersponnen von Thymian, Steinbrech, Mauerpfeffer und anderen bittersüß riechenden Gewächsen. Auf zwei Seiten war der Teich verlandet. Hohes Schilf stand da, scharf wie Lanzen. Seerosen schwammen still und weiß zwischen glänzenden Blättern auf dem Wasser, das fast schwarz war. Sonne glitzerte auf den Büschen; tausendfach brach sich das Licht in hängenden und fallenden Tropfen. Wie leichter Rauch stieg der Dampf der warmen Erde auf. Der Boden unter den Büschen war bedeckt von Blumen. Da wucherten Narzissen mit wächsernen Blüten; Orchideen. Seltsam gefleckte, mit Blüten wie Bienen, wie Falter, wie Fabeltiere, seiden, golddurchwirkt, fremd und herrlich; Salomonsiegel mit langen Blüten wie Tropfen flüssigen Alabasters; blaßviolette und zitronengelbe Iris mit goldbraunen Saftmälern; dazwischen Kräuter, üppig wie Büsche: Schierling mit dicken, rotfleckigen Stempeln, Wiesenkerbel mit weißen flockigen Dolden. Wolken eines gefährlich betäubenden

Duftes hüllten mich ein. Ich stand tief erschrocken. Das Übermaß des schweren, feuchten, unbändigen Lebens griff mich an, verwirrte, machte hilflos, trunken. Schlagenden Herzens fühlte ich eine bedrohliche Verzauberung. Fremdes Wesen breitete sich unheimlich in mir aus, verzweigte sich in mein Blut, brannte wie Fieber, wie maßloser Durst. Krank davon warf ich mich, der Nässe nicht achtend, ins Gras, preßte meinen Mund auf eine Narzissenblüte, auf einen Stein, auf die schwarze Erde. Ich löste mein Haar, öffnete mein Kleid. Nichts war da, mich zu stillen. Die Erde sog mich an. Ich fühlte mich vergehen vor Lust und Qual.

Da geschah es, daß ich erwachte, zu mir kam, mich ernüchterte. Ich sprang auf, durchstieß das Gestrüpp, jagte über die Wiese ohne innezuhalten, bis ich das Haus erreicht hatte, das kühl und maßvoll mit klaren Wänden und gesicherten Räumen mich empfing.

Aus: Die gläsernen Ringe, S. 50-52, a.a.O.

Aus dem Traum geweckt

Ich kann dich nicht bitten, mich zu vergessen, denn wir werden uns niemals vergessen. Ich möchte nichts ungeschehen machen, ich bereue nichts, ich bin Deiner nicht müde geworden, ich liebe Dich um nichts weniger, ich werde Dich immer lieben. Aber daß Du nicht begreifen willst, was ich Dir gesagt habe: daß unsrer Liebe die Unschuld genommen ist, seitdem ich begonnen habe, in ihr Unordnung zu sehen, und seit ich erkannt habe, daß Dir und mir nichts anderes mehr daraus erwächst als Qual. Ich bitte Dich aber: denk nicht, daß ich von Dir gegangen

bin, weil ich diese Leiden nicht mehr ertragen wollte. Du weißt, Du mußt es wissen, daß ich sie als einen Teil meiner Liebe geliebt habe. Aber ich habe gesehen, daß es über Deine Kräfte geht, ein doppeltes Leben zu führen.
Du fragst mich, warum ich denn, wenn ich Unordnung verabscheue, mich überhaupt in sie begeben habe. Das hättest Du nicht fragen dürfen. Du weißt es. Wie war es denn, als wir uns zum erstenmal sahen? Blieb uns auch nur ein einziger Augenblick Zeit zu freier Entscheidung? Sind wir nicht beide, noch vor dem ersten Wort, ineinandergestürzt wie von plötzlichem Wahnsinn befallen, ohne Rücksicht auf unsere Namen, unsern Ruf, das, was man Moral und menschliche Anständigkeit nennt? Ich habe nicht gewußt, daß Du verheiratet bist, und selbst wenn ich es gewußt hätte, so wäre es in jener Stunde ohne Belang gewesen. Du selbst hast mir am Morgen geschworen, daß Du alles vergessen hattest, was sonst in Deinem Leben war und ist. Ich weiß, Du hattest es wirklich vergessen. Und als wir uns darauf besannen, da war schon alles entschieden, da waren wir schon aneinander verloren, für immer. Nichts war dabei, was ich »Schuld« hätte nennen können, auch selbst heute, da mein Gewissen so viel schärfer geworden ist, kann ich mich jenes Beginns wegen nicht für schuldig halten. Wir wußten nicht, was wir taten, denn wir taten nichts: mit uns geschah etwas, und wir waren dessen nicht Herr. Daß wir drei Jahre so leben konnten, ganz gefangen in unserm Traum, von Blindheit geschlagen, das mag verstehen, wer will. Warum aber und wodurch bin ich geweckt worden aus unserm Traum? Ich weiß es nicht. Aber eines Tages sah ich, was war. Fernab von bürgerlicher Moral: Dein und mein Leben war nicht in Ordnung. Es muß eine Ordnung geben, der man sich zu fügen hat. Die Ehe ist wohl ein Teil und Ausdruck dieser Ordnung.

Ich begreife das nicht ganz, aber ich fühle, daß es so ist, und ich glaube, daß unsre tiefe wilde Traurigkeit, unsre fürchterliche Unruhe, unsre unstillbare Sehnsucht daher kommt, daß wir diese Ordnung verletzt haben.

Die Liebe ist Eine

Einen Menschen lieben, das bedeutet: auf ihn, für ihn hoffen, sein zeitliches Glück erhoffen, seine Entfaltung, seine Endgültigkeit; es bedeutet: ihn hoffend erfahren als lebendig im Leben selbst lebend, eingebettet in unsere Liebe und in die Liebe überhaupt, und Liebe, so verstanden, und so allein richtig verstanden, ist ein anderes, zwar auch höchst geheimnisvolles, aber doch eher uns zugängliches Wort für das Unbegreifliche der Ewigen Liebe, die Gott ist.

Es gibt keine Liebe zum Menschen, die nicht ihren Ursprung in der Ewigen Liebe hätte. Es gibt keine Liebe zum Menschen, die nicht wiederum Gott meinte. Die Liebe ist Eine, so wie die Hoffnung Eine ist. Man weiß das gemeinhin nicht; man ist vielmehr geneigt zu glauben, man könne nur entweder das eine oder das andere wirklich und voll leisten. Das aber ist falsch, und die Lehre des Christentums ist in diesem ihrem glühenden Kern noch kaum verstanden worden, wiewohl viel darüber gesagt wurde und wird. Was das heißt: den Menschen lieben, das glauben wir zu wissen. Was aber heißt: Gott lieben? Es bedeutet: auf ihn vertrauensvoll hoffend in ihm leben. Es bedeutet: geduldig verbleiben in der für den modernen, den naturwissenschaftlich denkenden Menschen höchst schmerzhaften Spannung zwischen Wissen-Wollen und Glauben-Müssen; es bedeutet: standhaft ausharren in dem von Gott so Verschiedenen, von ihm scheinbar so weit Entfernten, das »Welt« heißt; es bedeutet: sich (um Gottes *und* der Welt willen) an Welt und Leben engagieren, sie ernst nehmen, sie annehmen, sich ihnen stellen, sich von ihnen willig gebrauchen und verbrauchen lassen; es bedeutet: Gottes Welt und Gott in der Welt lieben auch dort, wo diese Welt uns gar nicht als Gottes Welt erscheint und wo wir nurmehr hoffend zu glauben vermögen, daß sie dennoch die seine ist.

Wenn Lieben aber wesentlich Hoffen ist, dann heißt die Welt lieben: für diese Welt hoffen, daß sie gerettet sei, so wie sie ist.

[...]

Den Nächsten lieben heißt also: für ihn hoffen. Das bedeutet: ihn erkennen als Weggefährten, Schicksalsgenossen, auf den ich angewiesen bin und für den ich verantwortlich bin; dessen Last ich nach Vermögen zu tragen habe und dem auch ich Last sein darf nach dem Maß seiner Kräfte; den ich teilnehmen lassen muß an meinem Besitz, dem materiellen wie geistigen, und von dem Gaben zu erbitten und anzunehmen ich nicht zu stolz sein darf; den ich ganz in seinem eigenen Wesen belasse und so annehme und den ich wie mich selbst in seiner Unmittelbarkeit zu Gott sehe.

Noch anders, noch deutlicher: den Menschen lieben heißt, ihn mitsamt der ihm zugehörigen Wirklichkeit lieben, also den Menschen in der Welt, mit der Welt; es heißt also auch: die Welt lieben.

Den Menschen lieben

1962 sagte ich zu meinen israelischen Freunden Alfred und Esther Frankenstein, es würde mich freuen, Buber wiederzusehen (ich kannte ihn von einem seiner Besuche in München). Alfred ging sofort ans Telefon. Ich rief: Nein, nein, ich mein's nicht ernst, ich will ihn nicht stören. Aber schon hatte Alfred gewählt, und gleich darauf rief er mich ans Telefon. Buber sagte, er erinnere sich meiner sehr wohl, und er freue sich, mich am übernächsten Tag in seinem Haus zu sehen. Ich ging mit Herzklopfen hin.[...]
Eine Frau öffnete und sagte, der Professor sei krank und wolle keine Besuche. Ich sagte, er habe mich eingeladen, und bat, sie möge ihn doch fragen, ob auch ich nicht eintreten dürfe. Sie ging und kam wieder und ließ mich schweigend und zornig ein. »Zehn Minuten!« rief sie mir streng nach. Ich trat ein.
Buber lag im Bett oder auf einen Diwan gebettet, sein langer weißer Prophetenbart ausgebreitet auf der Decke. Buber streckte mir beide Hände entgegen. Ich sagte »Schalom«, und er erwiderte mein Grußwort. Er rief der Frau nach: »Kaffee und Kuchen, bitte.« Sie murmelte etwas Aufsässiges zurück.
Ich mußte mich nahe zu ihm setzen. Das Gespräch begann mit seinen Fragen nach Deutschland und meinen israelischen Erfahrungen. [...] Die Frau brachte Kaffee und Kuchen, und Buber aß sein Stück langsam auf, dabei fielen ihm die Krümel in den langen Bart, das machte ihn zu einem einfachen alten Mann und rührte mich. Ich würgte den Kuchen hinunter und wartete ungeduldig darauf, daß Buber wieder spreche. Erst als die Frau das leere Geschirr abgeholt hatte, begann das eigentliche Gespräch. Zuerst aber schaute mich Buber an. Jetzt erst schaute er mich wirklich an. Ich

weiß nicht, welche Farbe seine Augen hatten. Mir schienen sie strahlend blau. Sein unausgesetzter Blick verwirrte mich nicht, er war mir vielmehr angenehm, so wie ich mich auch im überhellen Licht der Jupiterlampen ausgesprochen wohl fühle, während viele andere darunter leiden.

In Bubers Blick war Strenge und Güte. Auch er ließ sich von mir anschauen. Plötzlich fragte er: »Warum sind Sie Christin?«

Weil ich keine Philosophie und keine Religion finde, die mir bessere Antworten gäbe auf existentielle Fragen.

»Was ist für Sie das Wesentliche am Christentum?«

Daß sein Gründer und immerwährender Leiter Gott ist, der Mensch wurde, ohne aufzuhören, Gott zu sein – ein einmaliges Ereignis, und daß diese Menschwerdung geschah aus Liebe zum Menschen und damit der Mensch über sich selbst erhoben würde.

Hier wurde ich verlegen, weil mir schien, als redete ich theologisches Klischee und Buber könne es dafür nehmen, während es für mich doch tief erfahrene Wirklichkeit war. Auch dachte ich mir, es sei anmaßend und auch unhöflich, dies einem Juden zu sagen, der ja ausdrücklich nicht an diese historisch geschehene Menschwerdung des ewigen Wortes glaubte. Aber was sonst sollte ich antworten?

Buber sah mich lange an und dachte nach. Dann fragte er mit Prophetenstrenge (so könnte einen der Weltenrichter fragen am Ende der Zeiten): »Lieben Sie die Menschheit?«

Ich sagte: Ja.

Er: »Nein, Sie irren. Sie können nicht die Menschheit lieben. Man kann nur einzelne Menschen lieben, wenige: die Eltern allenfalls, die Ehepartner, die eigenen Kinder, einige Freunde. Die übrigen erträgt und duldet man, oder man mag sie ganz und gar nicht. (Hier erklärte er mir aus dem Hebräischen den Unterschied zwischen Lieben und

Tolerieren, aber die Erklärung verstand ich nicht und vergaß sie darum.)

Ich: Aber ich liebe wirklich *die* Menschen. Ich liebe meine Freunde, weil sie Menschen sind. In ihnen liebe ich die Menschheit. Ich liebe *den* Menschen. Ich liebe immer den, den ich vor mir habe und der etwas von mir will, der also mein Nächster ist. Ich mag wirklich alle, weil alle mich interessieren.

Er: »Aha, als Schriftstellerin mögen Sie die Menschen!«

Ich: Als was auch immer, ich bin ja nicht von meiner Arbeit zu trennen.

Er: »Gut. Aber ich vermute, daß Ihre Menschenliebe, soweit sie nicht pure Neugier auf immer neue Spielarten Mensch ist, einfach anerzogen ist. Man hat Sie gelehrt, daß es Sünde sei, jemanden nicht zu lieben, und das Verbot leitet sie weiterhin.«

Ich: Nicht das Verbot, sondern das Gebot: Du sollst lieben.

Er: »Deinen Nächsten!«

Ich: Meinen Nächsten ›mag‹ ich nicht immer, aber ich liebe *den* Menschen.

Er (nach einer langen Pause des Nachdenkens, seinen Blick in meinen Augen): »Ich glaube Ihnen. Ja, Ihnen glaube ich das.«

Diese Szene hat eine Parallele: Ich traf Buber ein Jahr später in der Schweiz. Wir machten einen Spaziergang zusammen. Es war ein schöner Sommertag. Auf dem höchsten Punkt eines Hügels blieb Buber eine Weile stehen. Wir sprachen über Gott. Das Gespräch bewegte sich an jener Grenze, an der die Ratio zerstiebt und anderen Kräften des Erkennens Raum gibt. Ich erinnere mich an meine Frage:

Was ist Ihnen Gott, Herr Buber?

Buber, nach kurzem Nachdenken: Gott? Ich liebe ihn.

In diesem Augenblick kam ein leichter Windstoß und hob Bubers weißen Bart, so daß er wie eine silberne Flamme aufsprang. Und Buber, beide Arme ausbreitend, den Spazierstock wie den Mosesstab hochhebend, rief laut: Ja, ich liebe ihn!
Es hätte mich nicht gewundert, wäre er wie Elias in einem feurigen Wagen in den Himmel gefahren.
Nach diesem Augenblick waren wir zu keinem Gespräch mehr fähig.

Aus: Grenzübergänge. Tagebuch-Notizen, S. 337-341 der Taschenbuchausgabe 1977; (c) 1972 by S. Fischer Verlag, Frankfurt am Main

Nur nichts Halbes

Man kann nicht neuen Wein in alte Schläuche füllen, ohne daß sie reißen. Man kann nicht sagen: ich halte das Gebot der Liebe, wenn man nur seine Freunde liebt, die andern aber haßt. Entscheidet euch! Es steht euch frei, mich zu verlassen und euch unter jene zu mischen, die glauben, den Frieden mit Gewalt herbeizwingen zu können. Ich aber sage euch: wählt Jisrael den Weg der Gewalt, so wird es durch Gewalt umkommen, und kein Stein Jeruschalajims wird auf dem andern bleiben, und Füchse und Eulen werden in den Tempelruinen hausen.
In dieser Nacht schlief ich schlecht. Wir alle schliefen schlecht. Ich stand schließlich auf und schlich mich hinaus. Einen Steinwurf weit weg sah ich eine Helligkeit, als fiele der Mond auf einen Felsen. Doch war der Mond längst untergegangen, und die Nacht war dunkel. Ein Feuer war das auch nicht. Es war ein stetiges weißes Licht. Ich ging einige Schritte näher, dann hielt mich etwas, als dürfe ich

eine Grenze nicht überschreiten. Aber ich sah, daß dieses Helle ein Mensch war.

Mirjam!

Seine Stimme. Zugleich erlosch das Licht, und ich vermochte die Grenze zu überschreiten.

Komm her, Mirjam! Näher. Setz dich. Kalte Hände hast du.

Die deinen sind warm, Rabbi.

Warum zitterst du, Mirjam?

Das Licht, Rabbi! Was war das?

Das hast du gesehen? Es ist nichts Besonderes.

Ich wagte nicht weiterzufragen, aber ich sehnte mich danach, meinen Kopf auf seine Knie zu legen, und schließlich tat ichs. Er aber schob mich sanft von sich.

So nicht, Mirjam. Zerreiß die Schnur, ehe sie dir zur Fessel wird.

Ein hartes Wort für eine Liebende, Rabbi.

Er strich mir übers Haar. Geh schlafen, Mirjam, es wird kühl.

Ich ging. Wie er mich überforderte!

Doch schlief ich danach traumlos bis zum Morgen. Er selbst weckte mich: Wach auf, Nachtwandlerin. Wir ziehen südwärts!

Sein Haar war feucht vom Tau.

Du hast ja nicht geschlafen, Rabbi!

Der Tag wurde heiß, und viel Staub war in der Luft, doch wir gingen unentwegt. Wenn der Rabbi nicht müde war, waren auch wir nicht müde.

So wenig müde war er, daß er am Abend noch predigte in einer kleinen Stadt. Ich aber schlief bei seiner Rede ein. Ich wachte erst auf vom Kindergeschrei und vom Schelten der Unsern:

So laßt ihn doch in Ruhe, er ist todmüde. Versteht ihr denn das nicht, daß auch so einer einmal schlafen muß?

Und dann seine Stimme: Kommt nur, kommt!
Eine Schar von Kindern stürzte auf ihn zu, und die noch nicht laufen konnten, wurden ihm von den Müttern zugeschoben. Den Segen, Rabbi, den Prophetensegen!
Wie sie ihn bedrängten, und wie er sich alles gefallen ließ von den Kindern! Sie wurden kühn und kletterten auf seine Knie und küßten ihn, und er scherzte mit ihnen.
Sehr hübsch war das Bild, und sehr neu für uns: der Rabbi mit Kindern.
Jochana sagte: Schau dir das an. Der Rabbi als Vater.
Plötzlich fing sie an zu weinen.
Möchtest du zurück zu deinen Kindern? fragte ich sie.
Darf ich nicht weinen und trotzdem beim Rabbi bleiben?
Da weinte auch Schoschana, die keine Kinder hatte, und Schulamit weinte, weil ihre Söhne, obwohl immer in ihrer Nähe, sich ihren Fürsorglichkeiten so hartnäckig entzogen, und ich weinte, weil sie weinten.
Jochana verstand meine Tränen falsch. Wenn du das so siehst, Mirjam, kommt dir da kein Wunsch nach Kindern?
Nein, sagte ich. Von wem auch. Und jetzt Schluß mit solchen Reden. Wir haben gewählt, ein für alle Mal. Nur nichts Halbes.
Endlich gingen die Mütter mit ihren Kindern, das Geschrei und Gezwitscher verlor sich in der Ferne.
Jeschua schaute den Kindern nach, dann sagte er: Wer nicht zum Kind wird, findet den Vater nicht.

Stark wie der Tod ist die Liebe

Es ergab sich, daß ich noch einige Augenblicke allein war mit ihm.

Rabbi, ich glaube, ich habe etwas Neues gelernt.

Was denn, meine kluge Schülerin?

Ich habe etwas gelernt, was du nicht gesagt hast. Du hast gesagt, man muß Feinde wie Freunde lieben, aber du hast nicht gesagt, wie man das macht.

Weißt du es?

Es geht nicht über den Willen. Es geht nur über die große Erkenntnis.

Und welche?

Wie soll ich es sagen. Ich habe die rechten Worte nicht dafür. Es ist, wie wenn ich in einer fremden Sprache eine wichtige Botschaft sagen müßte, aber die Sprache nur schlecht kenne.

Versuchs!

Also: den Feind lieben, sagst du. Aber gibt es denn überhaupt Feinde? Ich meine, man ist doch nicht von jeher Feind. Man wirds. Aber warum? Aus Angst, aus Habsucht, aus Neid, aus Eifersucht. Aus all dem macht man sich selber einen Feind, so wie unsre Väter in der Wüste sich Götzen machten, obwohl sie eigentlich wußten: es gibt nur den Einen Ewigen.

Weiter!

Ja, eben jetzt wirds schwierig. Es gibt nur den Einen Ewigen, das ist eine klare Rede. Aber wenn ich jetzt sage: es gibt nur Einen Menschen, so ist das keine klare Rede.

Mirjam, die Rede ist ungemein klar.

Für mich selber nicht, Rabbi; ich sage etwas, was mir wie ein Blitz einschlug und wie ein Blitz erlosch. Sag du mir, was meine Rede bedeutet.

Wie schuf der Ewige den Menschen? Er ließ das Bild vom Menschen, das er in sich trug, aus sich heraustreten und Erdenwirklichkeit werden, und er hauchte ihm Leben ein. Welches Leben? Es gibt nur eines: das Seine. So wurde der Mensch, und so wird jeder Mensch, und jeder ist gleicherweise göttlicher Geist in irdischer Form, in jedem lebt der Ewige. Wie kannst du dem Ewigen ins Gesicht spucken, wie kannst du den Ewigen schlagen, wie kannst du den Ewigen töten wollen? Das ists, Mirjam, was du hohe Erkenntnis nennst. In der Tat: nicht die Gesetze vermögen das Zusammenleben der Menschen zu regeln. Nicht Furcht vor Strafe hält ab vom Töten des Lebens und der Seele. Nur die Erkenntnis vom Einssein alles Lebendigen schafft das Friedensreich. Sag das den andern! Sag es allen! Sag es tausendmal tausendmal. Dies ist mein Auftrag an dich: Lehre die Einheit alles Lebendigen, lehre die Liebe.
Indem er dies sagte, legte er mir seine beiden Hände auf den Scheitel.
Rabbi, sagte ich, »leg mich wie ein Siegel auf deinen Arm, drück mich wie ein Siegel auf dein Herz. Große Wasser können die Liebe nicht löschen, und Stürme spülen sie nicht hinweg. Denn stark wie der Tod ist die Liebe.«
Er erkannte die Worte aus dem Lied der Lieder. Natürlich kannte er sie. Darum antwortete er: »Wer ist diese, die aus der Steppe heraufsteigt, gestützt auf ihren Geliebten?« Sprich weiter, Mirjam!
»Mein Geliebter war fort, ich suchte nach ihm, aber ich fand ihn nicht. Es fanden mich die Wächter bei ihrer Runde durch die Stadt, sie schlugen und verwundeten mich, den Mantel nahmen mir weg die Mauerwächter.«
Jeschua nahm das Wort auf. »Dann wird man dich fragen: Wohin ist dein Geliebter gegangen. Wir wollen mit dir

nach ihm suchen.« Wo, Mirjam, fanden sie ihn? Behalte dieses Wort in deinem Herzen. Höre: »Sie fand den Geliebten im Garten.« Du verstehst nicht. Wie könntest du das verstehen. Eines Tages wirst du dich dieses Augenblicks und dieser Rede erinnern. Geh jetzt schlafen.

Sehr seltsam, höchst verwirrend war mir dies alles. Zuviel neues Wissen, zuviel Freude, zuviel Auftrag, zuviel dunkle Prophezeiung.

Im Weggehen sagte ich: Du meine Überforderung! Gerne wäre ich umgekehrt, um ihm zu sagen: Wie ich dich liebe, du weißt es nicht. Aber ein solches Wort verbot sich von selbst, und es war auch viel zu klein.

Aus: Mirjam, S. 214-216, a.a.O.

Untrennbar eins

Es gibt eine Legende: Zwei Menschen, Liebende, sie lebten im fünften Jahrhundert in Frankreich, Hilarius und Quieta, er starb zuerst, man begrub ihn in St. Jean in Dijon. Als Quieta starb und man sie in ein Grab neben das ihres Liebsten betten wollte, hob Hilarius den Arm, legte ihn um sie und zog sie an sich. Im neunten Jahrhundert hat man sie getrennt, in zwei getrennte Gräber gelegt in der Krypta der Kathedrale zu Dijon, warum? Oh über diese Häretiker der Liebe! Aber da waren die beiden längst an andrer Stelle untrennbar eins geworden für ewig. Das Gesicht dessen, der mich an sich ziehen wird, das verwandelt sich mir im Einschlafen, wird unfaßbar groß, ich ertrinke im todgleichen Frieden.

Aus: Septembertag, S. 143, (c) 1964 by S. Fischer Verlag, Frankfurt am Main

Schuldig und ganz schuldlos

Ich verstehe nicht, warum Abaelard in seiner »Leidensgeschichte« von dem »Schmutz« redet, in dem sie beide wühlten. [...]
Abaelards Leiden war Strafe und Gnade zugleich, beides aus der Hand Gottes. Nach dem Willen Gottes. Sagt Abaelard. Was für ein Gott. So oft Abaelard in den Vorlesungen vom Willen Gottes spricht, spüre ich den heftigen Wunsch, aufzuspringen und zu schreien: Es war also nicht deine Leidenschaft, die mich in die Welt setzte, es war der Wille Gottes, und wenn es der Wille Gottes war, dann war es auch sein Wille, daß ihr zusammen schlieft in glühender Leidenschaft; was also ist Schuld und wer ist schuldig, wenn alles Gottes Wille ist? Abaelard, deine Philosophie, die so klar scheint, hat unklare, schlimme Winkel. Gerade dort, wo du meinst, ganz der Forderung nach völliger Enthaltsamkeit nachkommen zu müssen, um alles zu büßen, was du »gesündigt« hast, gerätst du in Widerspruch zu dir selbst und deiner Theologie von der Sünde. War es deine Absicht zu sündigen? Du hattest gar keine Absicht, keine gute, keine schlechte; du warst vom mächtigen Gott Eros überfallen und sahst keinen Grund, ihm zu widerstehen, als er dir das Schönste im Leben anbot: die große Liebe.
Vielleicht aber hast du nicht wirklich geliebt. Vielleicht stimmt, was Heloise einmal klagt: Du habest sie nur »genommen«. Aber nein, nein: Du hast sie geliebt. Bloß, warum standest du nie voll zu dieser Liebe, zu der Vergangenheit? Warum nennst du Schmutz, was so schön war? Ach, dein übersteigertes Ideal von Keuschheit. Du hast zu viel Paulus und Hieronymus gelesen. Du hast dir ein Vollkommenheits-Ideal gemacht. Du allein der Beste,

der Erste. Du luziferisch Hochmütiger. Wenn Gott dich straft, dann vielleicht einzig dafür, daß du meine junge Mutter in dein Netz von Schuldgefühl, Bußgesinnung und Askese eingeschlossen hast und ihr auch noch das einzige, was ihr fürs Leben blieb, rauben wolltest: die Erinnerung, so süß wie bitter, an eure Liebeszeit. Ich fürchte, du gönntest ihr nicht, daß sie noch der körperlichen Liebe fähig war, auch wenn sie sich keinem Mann hingab. Sie sollte »entmannt« sein auf ihre Weise. Darum mußte sie vor dir ins Kloster!

Und das sollte Gottes Wille sein? Du gabst deinen Mann-Willen für Gottes Willen aus. Kann es der Wille eines guten Gottes sein, ein Mädchen lebenslang ins Kloster zu sperren, weil es vollkommen geliebt hat? Was für ein Gott. Entweder ist er ein eifersüchtiger Vater, oder er ist blind wie die antike Moira, oder Gott ist der ins Christliche verkehrte Chronos, der seine eigenen Kinder frißt.

Liebste Mutter, wie kann ich dir helfen? Hilft es dir, wenn ich den hasse, der dich so leiden macht? Wenn ich eines Tages Abaelard offen des seelischen Mordes anklage?

Ach, ich bin sicher, du würdest ihn verteidigen, denn indem du ihn verteidigst, verteidigst du deine Liebe und dein Schicksal. »Freiwillig« hast du, Abaelard, deinem Schicksal gehorcht.

Aber die Frage der Schuld taucht immer wieder auf. Wenn nach Abaelard Sünde nur das ist, was in voller Einsicht in das Sündhafte und in voller Freiheit des Willens geschieht, dann sind er und Heloise schuldlos.

»Schuldig bin ich, und doch auch ganz schuldlos.« So Heloise. Ihrem eigenen Gewissen nach ist sie schuldlos.

Laß mein Herz bei dir sein

[Brief von Heloise an Abaelard:]

»Ist mein Selbst nicht bei Dir, so ist es nirgends, und ohne Dich hat es kein Sinn und Wesen. Laß mein Herz doch bei Dir sein, bitte bitte, und bei Dir behütet sein. Ach, wenn doch Deine Liebe nicht so felsenhaft auf die meine sich verlassen dürfte! Wenn Du doch besorgter sein müßtest! Nun habe ich Dir die große Sicherheit geschenkt und ernte die große Mißachtung. Vergiß doch bitte nicht, was ich für Dich getan und vergiß auch nicht, was alles Du mir schuldest. Als ich an Deinem Herzen liegend des Fleisches Lust genießen durfte, da konnte die Welt zweifeln, ob hingebende Liebe oder selbstische Gier mich in Deine Arme trieb. Nun bezeugt es das Ende, aus welchem Sinn heraus mein Lieben seinen Anfang nahm: Auf alle Freuden dieser Welt habe ich verzichtet, um Deinem Willen gehorsam zu sein; ich habe alles hingegeben und mir nur das Eine vorbehalten, gerade durch diese Hingabe ganz die Deine zu werden.«

Aus: Abaelards Liebe, S. 110/111, a.a.O.

Eifersüchtiger Gott

Ich weiß nicht, haßte oder liebte ich ihn. Beides. Nicht so, daß einmal der Haß herrschte, einmal die Liebe. Es war beides zugleich, oder etwas anderes, Drittes, etwas, das mir das Herz zerschnitt und mich nicht jung sein ließ.
Damals begann ich wieder meine Ritte zum Paraklet. Ich pochte nicht mehr an die Pforte. Ich war kein Bettler. Ich war ein Ankläger, Heloise. Ich beschuldige dich der Maß-

losigkeit deiner Liebe. Ich beschuldige dich, daß du deine eigene Person vergewaltigt hast. Ich beschuldige dich, Abaelard zu deinem Gott erhoben zu haben.
Ich war nicht nur Ankläger, ich war auch Verteidiger: Du hast geliebt, du hast dich tapfer und bedingungslos gestellt, du hast gewußt, wie nahe Eros und Thanatos stehen, deine Liebe ist stark wie der Tod, du Sünderin wirst zum Vorbild treuer Liebe. Deine Liebe wäscht all das ab, was Abaelard »Schmutz« nennt. Angeklagt ist Abaelard, nicht Heloise.
Und doch: Mitschuldige bist du, Mutter. Du hättest dich nicht blindlings diesem Mann unterwerfen sollen. Du hättest seine Maßlosigkeit nicht noch verstärken dürfen. Du hättest ihn nicht zum Gott machen dürfen. Du hättest ihn nicht auf einen Thron erheben sollen, der keinem Irdischen zusteht. »Ich habe allezeit mehr gefürchtet, Abaelard zu mißfallen als Gott.«
Der Verteidiger (an die stumme harte Klostermauer gelehnt, hinter der du lebst, Mutter), er sagt: Aber was kann ein unsichtbarer Gott sein für ein junges, heißblütiges Mädchen? Diesen Unsichtbaren, kann sie ihn lieben? Sie liebt den Sicht- und Greifbaren, den Mann aus Fleisch und Blut. Sie liebt das Leben. Das Leben!
Ich fühle die rauhe Mauer in meinem Rücken. Ich streichle sie. Ich kratze Moos und Steine heraus. Die Mauer widersteht. Meine Finger bluten. Ich schramme meine Stirn blutig an dieser Mauer. Wer hat solche Mauern gebaut, wer hat solche Gefängnisse erfunden, wer hat den Mut, junge Frauen lebenslänglich einzusperren? Wer hat die Autorität, Liebende zu trennen und die Liebe zu verdammen? Wer verurteilt Männer zum Zölibat? Was für eine Kirche. Oder: Was für ein Gott? Was für einen Sinn hat denn dieses Nein zum Leben, das uns doch gegeben ist zu unsrer Lust und Freude?

So an der Mauer sinnlos kratzend, ein Tier eher als ein Mensch, kommt mir der Verdacht: Dieser Gott ist eifersüchtig. Kommt das Wort nicht in der Bibel vor? Ein eifersüchtiger Gott, der die Liebe der Menschen einzig für sich will und den bestraft, der eins seiner Geschöpfe mehr liebt als ihn?
Eifersüchtiger du! schreie ich, du bist kein Gott, du bist ein Dämon, der die Liebe haßt und für Sünde erklärt und schwere Strafe verhängt. Ein Gott, dem der Verzicht auf Leben, auf Liebe, auf Wollust, auf Kinder wohlgefällig ist. Das kann nicht sein. Du bist ein Gott der Lebenden, nicht der Toten. Es ist nichts als der Wille der Kirche, die alle Kräfte des Lebens in ihren Dienst zwingt, um ihre weltliche oder ihre magische Kraft zu verstärken. Ich hasse diese Kirche. Warum bleibt Abaelard in ihr? Er hat doch genug Unheil von ihr erfahren. Abaelard, hol deine Geliebte aus diesem Gefängnis, aus dieser Gruft, rufe sie zum Leben, zur Liebe!
»Mädchen, steh auf!« sagte der Christos zu dem toten Kind. Und es stand auf und lebte.

Aus: Abaelards Liebe, S. 170/171, a.a.O.

Warten auf eine Antwort

»Ich kenne den Franz seit unsrer Kindheit, und später habe ich mich schrecklich in ihn verliebt. Er ist nicht schön und gar nicht mein Typ, er ist eher klein und nicht sehr kräftig. Er hat aber wunderschöne Augen und eine Stimme, die einen verzaubern kann, wirklich. [...] Aber er war ein arger Playboy, er hatte immer Geld und arbeitete nicht und tat, was er wollte, immer zettelte er etwas an,

Umzüge und Feste und richtige Gelage, und dabei ging's hoch her und nicht immer ... Nun ja, die Leute waren schockiert und mit Recht, wirklich, und der Franz war schlimm, aber wenn er schlimm war, so war's immer anders, als wenn's die andern waren. Wie soll ich das erklären, es war – ja, es hatte einfach Format, verstehen Sie? Und es war etwas in all dem Übermut, das nicht stimmte, etwas ... Aber ich will es Ihnen an einem Beispiel sagen. Einmal tanzte er mit mir, und ich war verliebt und im siebten Himmel, und er schien auch verliebt und wild. Auf einmal hielt er mitten im Tanzen ein, schob mich von sich weg und schaute mich sonderbar an, als wäre ich eine Fremde. Dann sagte er: ›Was für ein Leben führen wir, was für ein blödsinnig falsches Leben!‹ Da begriff ich, daß er verzweifelt war. Aber gleich darauf sagte er: ›Ach was, tanzen wir, trinken wir, lieben wir und denken wir nicht ans andere.‹ Aber dann, beim Weitertanzen, sagte er noch einmal und immer wieder vor sich hin: ›Was für ein Leben, was für ein falsches Leben!‹
Am gleichen Abend fand ich ihn dann draußen im Weinberg liegen. Ich hatte ihn gesucht, ich ängstigte mich um ihn, und so fand ich ihn liegen und hörte, wie er mit sich selber redete: ›Ich muß aufhören, ich muß mein Leben ändern, aber wie, aber wie, was soll ich nur tun.‹ Ich setzte mich neben ihn und wollte ihn trösten, aber er merkte gar nichts davon, er war ganz allein mit seiner Verzweiflung, und ich ging wieder fort. Ich dachte: Er hat zuviel getrunken, das ist alles. Aber ich wußte es doch besser. Und eines Tages kam er zu mir und sagte: ›Leb wohl, Paola.‹ Mir blieb das Herz stehen, ich spürte, was für ein Abschied das war. ›Wohin gehst du?‹ fragte ich. Er sagte: ›In die Berge.‹ – ›Was tust du dort?‹ fragte ich. Er sagte: ›Nichts als warten.‹ – ›Und worauf wartest du?‹ fragte ich. Er sagte: ›Ich warte

auf eine Antwort.‹ – ›Und wer soll sie dir geben, Franz?‹ Er deutete in die Höhe. ›Der!‹ sagte er, ›der, der mich angerührt hat und der mich haben will.‹ Ich bekam es nun wirklich mit der Angst, vielleicht war er doch verrückt geworden. Aber dann schien er wieder ganz vernünftig, und er sagte: ›Ich muß mit mir ins reine kommen, ich muß allein sein und auf meine innere Stimme hören.‹ – ›Und wann kommst du wieder‹, fragte ich und fing an zu weinen, denn ich wußte jetzt alles, was kommen würde. Da gab er mir ein seidenes Taschentüchlein und sagte: ›Weinen verboten, Paola!‹

Aus: Bruder Feuer, S. 30-32, a.a.O.

Als lägest du in meinen Armen

Der dritte Brief, ein Zettelchen:
Kleine Paola, ich fürchte, ich war zu hart zu Dir, verzeih, aber Du mußt verstehen: Du könntest mir eine Versuchung werden. Du bist entzückend, aber ich habe mich für eine andere Braut entschieden, Du weißt, wie sie heißt: Armut. Sie erlaubt keinen Besitz, nicht nur keinen Besitz an Geld, sondern auch an jener Freude, die Du wohl geben könntest. Keine Fessel mehr, kleine Paola! Bleib mir dennoch gut. Wenn Du so lebst wie Du leben müßtest hier oben, dann wirst Du mir enger verbunden sein, als lägest Du in meinen Armen! Weine nicht! Freu Dich!

Aus: Bruder Feuer, S. 118, a.a.O.

Treu bis in den Tod

Die wahrhafte Liebe. Im TV gesehen, kein Fernsehspiel, keine Fiktion, sondern Realität: zwei Männer, homosexuelle Freunde. Der eine scheint verheiratet zu sein. Er erkrankt an AIDS, die Familie zieht sich zurück, der Freund bleibt bei ihm. Die Phasen des Krankheitsverlaufs sind gefilmt worden, sie werden gezeigt. Der Kranke verfällt von Bild zu Bild, der Freund steht ihm unverbrüchlich und angstlos bei. Die körperliche Liebe hilft. Schließlich aber ist der Kranke ein Sterbender. Der Freund liegt bei ihm im Bett, ihn umarmend, dann geht er für kurze Zeit. Der andere stirbt indessen. Der Freund kommt zurück, er findet den Toten. Seine Worte: »Wäre ich doch eine Stunde länger in seinem Bett geblieben.«
Er hat sich angesteckt, das hat er erwartet.
Keine ausgedachte Geschichte. Ich wiederhole: Wirklichkeit, brutal, ungeheuer schön.
»Treu bis in den Tod«, vom Schicksal beim Wort genommen.

Aus: Wir Heimatlosen. 1989-1992, S. 19/20, a.a.O.

Liebe und Einsamkeit

Es gibt auch dies: daß ein Mensch liebt und geliebt wird und dennoch, wenigstens zeitweise, das Gefühl der abgrundtiefen Einsamkeit hat. [...] Der Mensch ist einsam und ist es nicht. Er ist einsam und muß immerfort Brücken bauen und angebotene Brücken benützen. Es gelingt ihm zu lieben und Gemeinschaft zu finden, aber die Liebe ist unaufhörlich bedroht. Nicht nur das: Inmitten der Liebe sitzt der Tod der Liebe.

Nichts ist verletzbarer und vergänglicher als eine menschliche Beziehung. Nichts ist alltäglicher und menschlicher als die bittere Erfahrung der Enttäuschung.
Nur dem, der dies weiß, gelingt das Wunder der Liebe.

Aus: Gespräch von Mensch zu Mensch, S. 27, a.a.O.

Kirchennähe – Kirchenferne

Kirche des Konzils und danach

Von 1960 bis 1965 lebte ich in Rom, am Aventin, nahe bei St. Anselmo. In meiner kirchenfrommen Zeit ging ich jeden Morgen zur Frühmesse. Sie wurde von einem Benediktiner gefeiert an einem Seitenaltar. Er hatte nur zwei Beter: mich und eine alte Hausmeisterin. Wir knieten nebeneinander und gingen miteinander zur Kommunion. Ich habe dabei intensiv erlebt, daß wir beide Eins sind durch das Essen des Brotes. Das war das Erlebnis der Eucharistie. Ein immer neues beglückendes Erlebnis.
Ich war zeitweise kirchenfromm, gerade in jenen Jahren. Darum habe ich es akzeptiert, als mich die »Welt am Sonntag« zur Konzilsjournalistin akkreditierte. Die Konzilsjahre begannen so schön mit großen Aufbrüchen. Es war überwältigend, daß die katholische Kirche offiziell die Juden um Verzeihung bat für das, was man ihnen auch kirchlicherseits angetan hat. Auch der Ökumene-Gedanke war schön und groß.
Man fühlte sich eine Weile als Katholik auf dem richtigen Weg. Aber dann! Dann begann die Reaktion. Da fegte man das Neue von den Vatikanischen Schreibtischen. Von Jahr zu Jahr wurde der konservative Flügel stärker. Was blieb vom Konzil? Ich mußte wieder einmal katholische Kirche als Institution vom wahren lebendigen Christentum trennen.
Ich trete nicht aus der Kirche aus, aber ich fühle mich nicht als »Katholikin« oder »Katholin«. Ich habe mich zu lang und zu intensiv mit andern Religionen eingelassen,

um mich auf eine Kirche, eine einzige Religion, festzulegen. Ich bekam neulich einen Brief von einer in den USA Germanistik lehrenden Ägypterin (die Bücher von mir las), die mir schrieb, wie schön es sei, daß eine gläubige Christin und eine gläubige Moslimin sich so tief verstehen können. Man sollte aus Religion nicht Religionen machen. Jede Religion macht sich ihre eigene Struktur, und dadurch trennt sie sich von anderen Strukturen. Religion ist: Sich-verbunden-Fühlen mit dem Universum. Die Liebe ist das Verbindende. Jeder Mensch ist Mittelpunkt des Universums. Er selbst ist das Universum.

In negativen Zeiten sagt man sich, man sei ein Nichts, verloren im Kosmos, und selbst der Kosmos ist eigentlich »Nichts«.

Nun: wenn man in den Sternenhimmel schaut in einer sternlosen Nacht, da sieht man nichts, aber das ist nicht *das Nichts*. In diesem Nichts nämlich ist *alles*. Wir sehen es nur nicht, aber es *ist*. Es gibt eine solche Fülle, daß es aussieht, als sei da nichts. Aber das *Nichts* ist *alles*.

Erstveröffentlichung aus einem Gespräch 1992, a.a.O.

Sie fand ins Ur-Vertrauen zurück

Als ich fünf Jahre alt war, brannte unser Nachbarhaus ab, es war ein halb hölzernes Bauernhaus, es brannte rasch nieder, auch einige Tiere im Stall verbrannten. Die älteste Tochter schrie vor dem brennenden Haus: »Jetzt glaube ich nicht mehr an Gott, es gibt keinen, das ist alles verlogen.« Der Pfarrer versuchte sie zu beruhigen und sie vor dieser Gotteslästerung abzuhalten. Aber sie schrie weiter. Daran erinnere ich mich, aber nicht an das weitere, das mir meine

Mutter später erzählte: als man die Abbrändler in einem leerstehenden Haus untergebracht hatte und die Kathi immer weiter »Gott lästerte«, habe ich plötzlich aus eigenem Antrieb der Kathi meine gipserne Madonna gebracht und sie ihr geschenkt. Ich weiß nicht, was ich mir dabei dachte, sicher »dachte« ich nichts Frommes. Ich hatte nur das Bedürfnis, der Kathi etwas Liebes zu tun. Ich tat es, und die Kathi brach in Tränen aus. Meine kleine Geste der Liebe gab ihr das Vertrauen ins Leben zurück und damit konnte sie auch wieder »an Gott glauben«. Das heißt, sie fand ins Ur-Vertrauen zurück.

Aus: Mit wem reden, S. 61/62, a.a.O.

Die Mystik einer Gips-Statue

Kein Mensch wird heimisch auf dieser Erde. Wir sind Bürger zweier Welten, die freilich nur *eine* ist: Geist und Materie, die beiden Erscheinungsformen ein und desselben, nämlich Gottes. Wer das weiß, findet, trotz des Karneols, seine Heimat auf Erden: er ist *überall* daheim, wenn er in sich daheim ist, das heißt in seinem eigenen göttlichen Bereich.
Aber woher habe ich als Kind etwas gewußt von diesem Bereich? Ich habe eine normale katholische Erziehung erfahren. Ich bin dankbar dafür, denn der bayerische Katholizismus (soweit nicht politisch) war schön, er war farbig und musikalisch, er war ein Barockhimmel mit Glockengeläut und Fahnenwehen und Fronleichnamsprozessionen, er roch nach Weihrauch und Wachskerzen und welkendem Birkenlaub und alten golddurchwirkten Meßgewändern. Ich wurde oft gefragt, warum ich nicht aus der katholischen

Kirche austrete, das sei doch die Konsequenz meiner kritischen Haltung. Nun: ich bliebe, aus der Kirche ausgetreten, immer eine aus der Kirche ausgetretene Katholikin. Das hat nichts zu tun mit der Kirchenstruktur und der Machtpolitik der Kirche und derjenigen ihrer koordinierten christlichen Parteien. Das sitzt viel tiefer, das gehört in den magischen und in den mystischen Bereich.

Der Urgrund meines Glaubens ist mystischer Natur: das Johannes-Evangelium. Alle Theologie ist nur Überbau.

[...]

Was immer mir meine Eltern später angetan haben: sie gaben mir Unschätzbares mit ins Leben: ein Urvertrauen, das selbst sie nicht mehr zu zerstören vermochten.

Waren meine Eltern eigentlich religiös? Nicht besonders damals. Sie hatten ihren Milieu-Katholizismus. Sie stellten nichts davon in Frage. Meiner Mutter war, hätte sie es sich eingestanden, Religion damals eher gleichgültig. So mochte sie es gar nicht, wenn ihr Kind, acht, neun, zehn Jahre alt, jeden Morgen bei der winterlichen eisigen Dunkelheit mit dem Vater (dessen Pflicht als Organist es war) zum »Engelamt« in die Kirche ging. Sie mochte es auch ganz und gar nicht, wenn ihr Kind stundenlang in der Seitenkapelle der Überseer Kirche blieb. Das Kind begann diese Gänge bald zu tarnen. Was tat es in der Kirche?

Die junge Autorin schreibt im Franziska-Kapitel, daß dieses Waldmädchen von einer Christusfigur in einer Kapelle behauptete, sie bewege sich. Franziska, die Personifizierung einer religiösen Strebung in mir, der chaotisch-heidnischen Natur-Mystik, die ich im Griff behielt und schließlich leicht überwand. Ich ging gern in die Kirche, am liebsten allein und wenn kein Gottesdienst war. Am sichersten blieb ich ungestört, wenn ich in die Seitenkapelle ging. Da stand eine überlebensgroße Gipsfigur: der Christus

Jesus, der sein brennendes, blutstropfendes, von einem Dornenkranz umgebenes Herz in Händen hielt. Ich habe sie nach dem zweiten Weltkrieg wiedergesehen: da stand sie, zu Ehren gekommen, an der linken Seite des Hochaltars. Sie schien mir kleiner geworden, und ich sah, daß sie eigentlich häßlich war. Billiger Kitsch. Als ich 1979 wieder nach Übersee kam und »mein« Herz-Jesu besuchen wollte, war die Seitenkapelle abgesperrt, nicht nur sie, sondern die Kirche selbst, es kam ja doch niemand untertags zum Beten, die Zeiten waren vorbei, der Pfarrer war häufig verreist, feierte nicht einmal täglich die Messe, das war unnötig, für ein paar fromme alte Weiblein soviel Aufwand, und mein Herz-Jesu war längst der ästhetischen Purifikation, der Bilderstürmerei, zum Opfer gefallen: es stehe, sagte man mir, jetzt auf dem Kirchen-Dachboden beim Gerümpel. Ich hätte es gerne besucht und um Verzeihung gebeten.

Dieser Statue, häßlich oder nicht, verdanke ich viel. Ich, das Kind, kniete vor ihr auf den Altarstufen und blickte zu ihr auf. Ich betete nicht. Ich mochte von allen Gebeten, die wir gelernt hatten, keines. Das waren Wörter, Wörter. Ich kniete und schaute, eine Stunde lang, zwei Stunden lang auf den Steinstufen. Mir müssen die Knie geschmerzt haben, ich merkte es nicht. Es war sicher auch kalt, ich merkte es nicht. Nie kam jemand, der mich störte. Wenn ich lange genug so regungslos gekniet hatte, begann der Christus mich anzusehen. Kein Zweifel: er senkte seine sonst geradeaus schauenden Augen und blickte mich an. Dann stand mein Herz still, mein Atem stockte, ich verging in Seligkeit. Woher kannte das Kind die Praktik der Meditation?

Als ich viel später davon hörte, als überall Meditation gepflegt wurde und als man sie sogar ausdrücklich lehrte

und Samadhi und Satori anstrebte, war ich erstaunt: das war doch ganz *natürlich*, das mußte doch jedermann können und erleben. Man brauchte doch nur lange genug stillzusitzen und an nichts zu denken und innen ganz leer zu sein, dann kam das Ersehnte von selbst. Ganz einfach.
Später habe ich diese Herz-Jesu-Figuren nicht mehr ausstehen können, diese gipserne Serienherstellung eines mystischen Symbols.

Aus: Den Wolf umarmen, S. 149-152, a.a.O.

Ein Tor stand offen

Die Gewißheit meiner Rettung ist ja die Gewißheit der Rettung *aller*. Ich meine eher, ich sei eine Herausforderung der lächelnden Großmut Gottes. Mein Gott ist nun einmal kein Staatsanwalt, er ist Armenanwalt, er ist der Anwalt seiner selbst, denn wer ist er ohne uns, wer ist er, wenn nicht *wir-und-er*? Er hat es so gewollt.
[...] Ich bin hierin Ketzerin, ich habe es immer mit dem alten Ketzer-Theologen Origines gehalten, der sagt: am Ende der Zeiten werde der Teufel mit-erlöst. Natürlich habe ich mich nicht umsonst jahrzehntelang mit christlicher Theologie, mit katholischer Dogmatik befaßt, um jetzt nicht handfeste Einwände gegen meine eigene Häresie vorbringen zu können. Dennoch glaube ich: am Ende nimmt Gott das aus ihm herausgefallene Dunkel wieder in sein Licht auf, so wie er mich in meinem Traum ins Licht hinaufriß, wider alles Erwarten, an der Hand des Engels. Da ich einen Schutz-Engel habe, ist es undenkbar, daß nicht alle Menschen einen haben. So hat die Erde insgesamt ihren Schutz-Geist, wir nennen ihn Christus.

Wenn ich bedenke, daß ich derlei gnostische Gedanken immer schon hegte und sie, ahnungslos, daß ich Ketzerisches dachte, auch aussprach, so kann ich verstehen, daß ich der Schrecken meines Religionslehrers war und bisweilen sogar meine phantasievolle, aber sehr konservativ-katholische Freundin Gertraud schockierte.
Wie sehr aber täuschten sich meine Eltern und Erzieher über mich. Während ich mit Begierde Angelus Silesius und Meister Eckhart las und deren schöne In-Bilder mit den trockenen, »vernünftigen« Lehrsätzen aus dem Religionsunterricht verglich, sehr zuungunsten der katholischen Dogmatik, während ich also tieffromm war, fing ich an, mich gegen die »Kirchengebote« zu versündigen. Ich ging nicht mehr zur Schulbeichte. Damit beganns. Als ich eines Tages in der Reihe meiner Mitschülerinnen vor einem Beichtstuhl in der Münchner Heiliggeistkirche stand und versuchte, die rechte Beichtgesinnung in mir zu erwecken, merkte ich, daß ichs nicht mehr konnte. Ich war fünfzehn Jahre alt. Wie in der Kinderzeit widerstand ich der Versuchung, einfach aus der Kirche wegzugehen, ohne gebeichtet zu haben.
Am Beichtstuhl stand ein Namensschild: Dr. Berghofer.
[...]
Als bei der Schulbeichte die Reihe an mir war, trat ich entschlossen in den Beichtstuhl mit jenem Namensschild. Ich weiß natürlich nicht mehr wörtlich, was da geredet wurde, aber den Kern weiß ich ganz genau. Ich werde gesagt haben, daß ich nur pflichtgemäß gekommen sei, aber nicht mehr beichten wolle und könne, weil ich keinen Sinn darin sehe. So ähnlich. Und die Antwort, sicher nach einer Denkpause: Du bist alt genug, um zu wissen, was du willst und sollst, oberste Instanz ist dein Gewissen.

Ich weiß, daß er mir zwar natürlich nicht die Absolution gab, aber seinen Segen.
Ich fühlte mich befreit. Ein Tor stand offen. Ich begann erwachsen zu werden. Eigentlich war ichs schon als Kind, aber ich wagte es nicht zu denken. Jetzt wagte ich es.
Die erste Konsequenz: ich ging nicht mehr in den Schulgottesdienst. Nicht, als ob ich nicht hätte gehen *wollen.* Ich *konnte* nicht mehr. Ein Grund: man sollte mich und niemanden zwingen, sein Gespräch mit Gott öffentlich zu führen, so dachte ich damals.

Aus: Den Wolf umarmen, S. 172-175, a.a.O.

Was soll mir der Trost für die Seele?

3. Dezember 1944

Sonntag. Heute war wieder der Gefängnispfarrer da. Wir hatten einen kurzen Gottesdienst, dann konnten wir privat mit ihm sprechen.
Frau H., die Köchin, war natürlich da. Sie hatte sich gut frisiert und die Backen mit rotem Papier gerieben. Ich lachte sie aus. Ich war die letzte. Die Kapelle war schon fast dunkel. Der Pfarrer bot mir einen Platz neben sich in einer Betbank. Er fragte: »Nun, liebe Frau R., wie geht's? Sind Sie ergeben in Gottes Willen? Haben Sie Frieden mit Gott?« Ich sagte ärgerlich: »Ach was. Ich bin gar nicht aufgelegt zu religiösen Gesprächen. Ich habe ganz andere Anliegen. Sagen Sie mir endlich, wie weit die Russen und wie weit die Alliierten vorgedrungen sind. Kein Mensch weiß etwas Genaues.«
Er sagte nachsichtig: »Die Alliierten stehen immer noch

weit links des Rheins, die Russen in Ostpreußen und am Plattensee, aber im übrigen weiß ich nichts.«
»Ach«, rief ich, »das ist der deutsche Wehrmachtsbericht. Aber was sagt der Auslandssender?«
»Oh«, sagte er, »das kann ich Ihnen nicht sagen.«
»Nein? Hören Sie ihn denn nicht? Niemals?« fragte ich enttäuscht. Er sagte: »Ich bin gekommen, um Ihnen Trost für Ihre Seele zu geben; lassen wir die Politik.«
Ich rief: »Was soll mir der Trost für die Seele? Die Politik ist augenblicklich viel wichtiger für mich, für uns alle. Von ihr hängt es ab, wann wir frei werden, wann wir wieder Menschen werden. Sie wissen ja nicht, was wir hier leiden. Wir brauchen nicht Trost, sondern besseres Essen und andere Behandlung. Wir brauchen die Freiheit, sonst gehen wir vor die Hunde.«
Er beugte sich nahe zu mir und flüsterte: »Nicht so laut, man könnte uns hören.«
Ich lachte verächtlich. Ich fragte: »Und mein Brief? Haben Sie ihn fortgeschickt?« Er zog ihn aus der Tasche. »Nein, ich konnte es mit meinem Gewissen nicht vereinbaren.«
Ich erwiderte nichts, aber ich war so ärgerlich, daß ich nach irgendeiner Bosheit suchte, die ich ihm entgegenschleudern könnte. Aber als er geknickt und enttäuscht sagte: »Ach, und ich bin heute gerade um Ihretwillen hereingekommen, ich hatte so viel Arbeit, aber ich dachte, Frau R. braucht mich«, als er das sagte, tat er mir leid. Ich bedankte mich für die Mühe und ging. –
Eine Enttäuschung mehr, was weiter.

Fluchtburg für die Ängstlichen

Die Ängstlichen. Eine Gruppe junger Deutscher, fünfzehn, Studenten und Studentinnen einer katholischen pädagogischen Fachhochschule; zu den Pflichtfächern gehört Theologie. Was wollen sie werden? Man wird sie im kirchlichen Bereich einsetzen als Helfer bei allen Aufgaben, welche ordinierte Priester (Pfarrer) nicht mehr bewältigen. Eine Art Diakonie. Nette, wohlerzogene junge Leute. Was wollen sie eigentlich von mir? Bestätigung für das Richtige ihrer Berufswahl? Mehr: Bestätigung für das Richtige dessen, was sie ihren Glauben nennen.

Kinder traditionell katholischer Familien, aufgewachsen in katholischem Milieu; unangefochten bisher. Das gibt es also noch. Soviel Sicherheit reizt mich zur Provokation. Ich frage sie, ob sie sich je mit anderen Religionen beschäftigt haben, so wie ich es tat und dabei von östlicher Religion und Philosophie ungemein viel lernte.

Sie haben eine Aversion gegen alles Östliche. Begreiflich: was sie so an Anhängern der Hare Krishna-Sekte und ähnlichen Gruppen kennenlernten, ist ihnen verdächtig. [...]

Ich sage, daß der Christus nicht katholisch und nicht an die Kirche, nicht einmal ans »Christentum« gebunden, sondern der glühende Kern aller Religionen sei. Dieser Kern aller Religionen ist das, was wir Mystik nennen. Jede Religion hat ihre Mystik, ihre Geheimlehre (grundsätzlich allen zugänglich, dennoch »geheim«, da nur wenigen sich erschließend) und dieser Kern jeder Religion ist das Gemeinsame aller Religionen, das ist Religion schlechthin, und das ist der Christus, wie immer man ihn sonst nennt, je nach Kulturbereich und Epoche. Ich stoße auf Halbverständnis; es ist intellektueller Natur. Vor der Erkenntnis

der universellen Wahrheit scheut der Traditionskatholik zurück.
Ein Mädchen spricht es mutig aus: Ich habe Angst, etwas anderes zu denken als das, was uns die Kirche lehrt.
Angst. Das ist es. Angst, die Vater-Führer-Hand loszulassen und mündig zu werden. Ich sage: Ihr seid ja noch Kinder trotz eurer vierundzwanzig Jahre; ihr seid unerprobt; ihr könnt euch erst dann Christen nennen, wenn ihr durch die Verneinung gegangen seid, durch die dunkle Nacht.
Ein Mädchen sagt: Wenn ich erst zu verneinen beginne, kehre ich nicht mehr zurück.
Dann ist Ihr jetziges Christentum, Ihr sogenannter Glaube, eben nicht das, was er Ihnen zu sein scheint; man muß den Kinderglauben loslassen können. Die Würde des Menschen liegt in der Freiheit seiner geistigen Wahl.
Im Lauf der Stunden merke ich, daß es nur wenigen meiner jungen Besucher um Erkenntnis geht. Ich habe sie überschätzt, ich habe das Gespräch viel zu hoch angesetzt. Jetzt stellt sich heraus, daß sie ganz einfach wissen wollen, wie sie »dem Fließband-Arbeiter« den »Glauben« nahebringen können. (Als seien alle Leute Fließband-Arbeiter und belehrungsbedürftig.)
Ich sage: Mit Worten nicht, schon gar nicht mit euern theologischen Klischees. Der Glaube ist keine Wort-Sache, sondern eine Lebens-Sache, eine Sache des Beispiels, der persönlichen Ausstrahlung. Nicht predigen, sondern miteinander essen, spielen, tanzen, weinen; da-sein, miteinander-sein; das Evangelium nicht lehren, sondern den Christus ausstrahlen. Lieben! Einen andern Weg gibts doch nicht.
Fünf-Stunden-Gespräch. Anrennen gegen einen traditionellen, nur scheinbar modernisierenden Katholizismus. Sisyphos-Arbeit. Ich bleibe verstört zurück. Der traditionelle

Katholizismus ist eine Fluchtburg für die Ängstlichen. Aber was sonst habe ich denn erwartet?!

Aus: Im Dunkeln singen, S. 63, 65/66, a.a.O.

Freiheit und Vorherbestimmung

Sie sagten, wir müßten aufhören, Freiheit und Vorherbestimmung als Gegensätze zu sehen. Freiheit beziehe sich wesentlich nicht auf das Tun des Menschen, sondern auf seine geistige Haltung. Unsre Freiheit besteht nicht darin, zwischen zwei Handlungen zu wählen (denn wir haben keine Wahl), sondern nur darin, ja oder nein zu sagen zu dem uns Gesetzten. Ich war damals nicht sicher, ob sich diese Ansicht mit der katholischen Theologie vertrage, aber sie entsprach meinem eigenen Glauben. In meine Sprache übersetzt hieß Ihre These: es gibt eine Vorherbestimmung, es gibt sogar nichts außerhalb des Vorherbestimmten; alles, was geschieht, geschieht mit Notwendigkeit und ist ein winziges Zahnrad in einem riesigen Uhrwerk, das unaufhaltsam abläuft. Wir können nicht wählen, wir können uns nur dazu verhalten, etwa so: ein Kind muß seinen Brei essen, auf jeden Fall, aber es kann sich verschieden verhalten. Es kann schreien, um sich schlagen, den Brei verschütten; vergeblich, man wird ihm einen neuen Brei bringen und es füttern. Oder aber es kann den Brei »freiwillig« hinunterwürgen, ergeben oder aus Angst vor Strafe, und er wird im Magen zu einem Stein werden, der drückt und nicht nährt. Oder aber es kann den Brei wohlschmeckend finden und ihn fröhlich löffeln, entweder weil er ihm wirklich schmeckt oder weil es sich einredet, er sei nach seinem Geschmack. Vielleicht

gibt es auch Kinder, die so artig einsichtig sind, daß sie in liebendem Gehorsam essen.
Ich meine heute, daß niemand eine ganz eindeutige Haltung hat. Als Studentin habe ich einmal den Begriff der »Verknäuelung der Motive« geprägt. Kein schönes Wort, aber gewiß ein zutreffendes, der Erfahrung entsprechendes. Wenn ich mich frage, warum und wie ich bisher meinen Brei gegessen habe, so muß ich sagen: deshalb, weil er mir angeboten wurde und weil ich dachte, er enthielte Kräfte, die ich brauchte, ganz gleich, ob mir der Geschmack behagte oder nicht; aber ich aß auch aus Neugierde und oft auch aus Trotz, oder um mir zu beweisen, wie tapfer ich sei.

Aus: Abenteuer der Tugend, S. 107/108, a.a.O.

Asylsuchende – wir alle

Verbannung. Was für großartige Frauen gab es im frühen europäischen Mittelalter, nicht nur Hildegard von Bingen, sondern auch, beispielsweise, Mechtild von Magdeburg. Sie gehört zu einer frühen Frauenbewegung, den »Beginen«. Im 12. Jahrhundert begannen die Frauen zu revoltieren. Sie lehnten sich auf gegen das Feudalwesen der Kirche (deren Bindung an Geld und Fürstenmacht) und gegen den Sittenverfall des Klerus. Überall entstanden Bewegungen solcher Art, und es waren die Frauen aus dem Adel, der Ritter-Gesellschaft und dem städtischen Patriziertum, die sich anschlossen. Aus Italien kam das franziskanische Ideal einer neuen Frömmigkeit, die später immer mehr sozialen Charakter gewann. Jene Mechtild wagte offene energische Kritik an Reich und Kirche. Sie nennt die Domherren geile Böcke, den Klerus Pharisäer, scheinheilige Lügner.

Damit zog sie sich, wie wäre es je anders gewesen, den Haß der Ordensleute und des Weltklerus zu. Man verleumdete sie öffentlich. Das sicherste Mittel unbequeme Mahner zu erledigen. (Da kann ich mitreden!) Mechtild litt, natürlich, aber sie kann sagen: »... niemand ist so hinterhältig mit seinem Pfeile, daß er meinen Himmel, in dem ich wohne, zerstören könnte.« Obwohl sie hohes religiöses Wissen beweist, wird sie von den Theologen ihrer Zeit verlacht. Sehr interessant: sie trat nicht in ein Kloster ein, sondern lebte ungeschützt und den Verfolgungen ausgesetzt in der Welt. Erst im hohen Alter zog sie sich in ein Kloster zurück.

Aus ihren Schriften ein Wort, das mich anrührt: »Ich wohne in einem Lande, das heißt Verbannung, und dies ist die Welt. Denn alles, was in ihr ist, kann mich nicht trösten und erfreuen, ohne mir Pein zu bereiten ...«

Eindrucksvoll ihr visionäres Durchschauen von Menschen: sie sah einen Mann, der nach seinem Tode für heilig galt, aber Mechtild sah, daß er nicht in die Seligkeit eingehen konnte, da sein Gesicht einen schwarzen Flecken trug, denn, so sagt er selbst, »ich zeigte denen, die meinen Willen nicht taten, ein finsteres Gesicht, und dies sühnte ich nicht.«

Eine andre Stelle, die wie die Antwort auf einen Brief ist, den ich gestern von einem Verzweifelten bekam, der »nichts mehr findet und nichts mehr sucht« (seltsam richtig die umgekehrte Reihenfolge), weil er Gott nicht findet.

Meine Pein ist tiefer als der Abgrund,
mein Herzeleid weiter als die Welt...
Meine Sehnsucht reicht höher als die Sterne.
In diesen Dingen kann ich dich nirgends finden.

Die Vorstellung, vielmehr das Lebensgefühl des Verbanntseins kenne ich seit meiner Jugend, und als ich später die Pythagoräer kennenlernte, wurde mir bestätigt, daß ich das

Richtige fühlte und dachte: Wir sind auf die Erde verbannte Seelen, ins Exil geschickt, damit wir uns unter äußerst schwierigen Bedingungen bewähren, ehe wir heimkehren dürfen. Exilierte wir alle, Asylsuchende, doch es gibt kein Asyl, nur illusionäre Augenblicke der Sicherheit im fremdfremden Land.
Kein Asyl? Wirklich nicht? Aber doch Botschaften aus der Heimat. Versicherungen baldigen Heim-Dürfens. Und die wenigen Augenblicke der Liebe: Garantien für das Leben in der Heimat.

Aus: Wachsender Mond. 1985-1988, S. 244/245, (c) 1988 S. Fischer Verlag, Frankfurt am Main

Man muß etwas aufbauen

»Wir singen nur mehr für die Kinder und die Kranken und in den Bergdörfern. Franz sagt, Berühmtsein ist zu gefährlich. Er selber könnte eine schöne Karriere machen mit seinen Canzoni. Wir tun andere Arbeit, wir töpfern und weben. Und wir helfen, wo man uns braucht, wir sind Gelegenheitsarbeiter.«
»Sind Sie denn Handwerker oder sonstwie gelernte Arbeiter?«
Jetzt lacht die Oberin: »Der da«, sagt sie, »ist oder war Professor für Soziologie an der Universität Padua, und der da ist Theologe, er war Priester.«
»Sie?«
»Ja, aber die Kirche will mich nicht mehr, ich bin ihr allzu radikal in der Nachfolge Jesu. Sie hat mich vor die Tür gesetzt, mit feinen Worten gesagt: sie hat mich meines Amtes enthoben. Gott sei Dank – kann sie mich

nicht meiner Arbeit für das Himmelreich entheben.« (Alle lachen.)
Der Soziologe sagt: »Er war Pfarrer in einer römischen Vorstadt, in einem Barackenviertel, da gab es kein Trinkwasser, keine Kläranlagen, keine Bäder natürlich, keine Straßen. Die Leute, aus Süditalien zugezogen und auf Arbeit hoffend, die es nicht gab, lebten im Dreck, und niemand kümmerte sich um sie. Don Gerardo, der da also, lief sich die Füße ab von Behörde zu Behörde, umsonst. Da machte er mit seinen Leuten einen Protestmarsch zum Kapitol. Als er nicht zum Bürgermeister vorgelassen wurde, blieb er mit einem Teil seiner Pfarrkinder auf dem Platz vor dem Rathaus, Tag und Nacht, sie stellten Zelte auf und hängten Fotos von ihren Baracken auf und riefen durch Lautsprecher nach Hilfe. Don Gerardo hatte sich mit der Polizei angefreundet, genau gesagt, er hatte sich die Erlaubnis zur Demonstration geholt, und man hatte sie ihm gern gegeben. Das Volk war auf seiner Seite, und er blieb so lang im Sitzstreik, bis der Bürgermeister ihn empfing, und Gerardo bekam, was er wollte: seine Leute durften in leerstehende Wohnungen einziehen. Aber der Kirche war er verdächtig, er schien gefährlich, und eines Tages setzten sie ihn ab, vorübergehend, hieß es. Aber er ging, und zwar zu Franz, und einige junge Leute aus seiner Gemeinde gingen mit ihm.«
»Wie steht denn Franz zur Kirche?«
»Er sagt: Polemisieren, Kritisieren, Befeinden, Zerstören, das ist leicht und billig. Man muß etwas aufbauen in aller Stille und es einfach neben das andere hinstellen, gewaltlos und mit Liebe zum Ganzen. Das tun wir. Wenn Sie uns einmal ein großes Wort gebrauchen lassen (Franz würde uns auslachen oder tadeln), also, wir arbeiten an einem Modell für ein besseres Zusammenleben aller Menschen.

Wir könnten auch sagen: wir arbeiten an der Rettung des Menschen.«

»Wie sieht das Modell aus?«

»Von außen betrachtet so: Wir haben kein Privateigentum, die Häuser sind geliehen, die Miete bezahlen wir durch Arbeit für die Eigentümer, das Land ringsum hat man uns auf Halbpacht überlassen, das heißt, wir bearbeiten es und liefern dafür die Hälfte der Ernte ab, wir sind vertraglich gebunden, den Boden landwirtschaftlich zu nutzen. Was wir verdienen, geben wir zum größten Teil sofort weg, zum allerkleinsten Teil tun wir's in die Gemeinschaftskasse für dringende Ausgaben, zum Beispiel für Krankheitsfälle. Wir sind gegen jede Gewinnsteigerung, wir bleiben arm, wir haben nie mehr Geld, als wir für die nächsten Tage unbedingt brauchen, oft ist das nicht da.«

Aus: Bruder Feuer, S. 86/87, a.a.O.

Von Krise zu Krise

Als denkender Mensch gerate ich in Konflikt mit Dogmen, Lehrmeinungen, offiziellen moraltheologischen Anschauungen meiner Kirche. Aber warum eigentlich nicht? Wäre nie jemand in einen solchen Denkkonflikt gekommen, hätte sich die Offenbarung nie über jene des Alten Testaments hinausentwickelt. Die Häresien und neuen kühnen Interpretationen sind es, welche das Glaubensgut am Leben erhalten. Alles wirkliche Leben ist gefährdet. Nur das museal Gerettete ist unangefochten, aber: es ist tot. Ich selbst muß meinen Glauben stets aufs neue konfrontieren mit der Welt, mit den weltlichen Wissenschaften, mit neuen Interpretationen von seiten der Exegese und Dogmatik und mit der kulturpolitischen Reaktion innerhalb der Kirche. Darin aber besteht das, was man die Mündigkeit des Christen nennt. Wenn ich nun dem zweifelnden Mitmenschen meinen Glauben und meine Glaubensinhalte verständlich machen will, so muß ich ihn auch teilnehmen lassen an meinen Denkvorgängen, das heißt an meinen eigenen Zweifeln, meinen Vorbehalten, am Eingeständnis meines Nicht-wissen-Könnens, und ich muß ihm sagen, daß das eben heute unsere Weise des Glaubensvollzugs ist: von Krise zu Krise geschleudert werden, in die dunkle Nacht geworfen und dennoch in der Hoffnung bleibend.

Wir Älteren haben im Religionsunterricht gelernt, daß es Sünde sei, Glaubenszweifeln nachzuhängen. Wir müssen heute umlernen: es ist Sünde am Geist, einen musealen Glauben wie einen toten Fötus mit uns herumzuschleppen. Der blinde Glaube ist heute entweder Zeichen der Dummheit oder aber einer großen Weisheit, die bereits jenseits des Denkens angelangt ist und nichtswissend alles weiß. Wir andern müssen und dürfen denken. Aber damit haben wir auch die Pflichten zum echten, zum redlichen Denken und wir haben die Pflicht zur Information. Nur abzulehnen, nur zu zweifeln, das ist billig und ist eine Sünde gegen die Wahrheit. Wer sich nicht um seinen Glauben müht, der braucht sich nicht zu wundern, wenn ihm der Glaube nichts gibt. Glauben heißt heute: sich allen Anfechtungen gegen den Glauben stellen. Nur das Sich-Mühen um den Glauben treibt den Glauben vorwärts. Denn nur stufenweise versteht die Menschheit die Offenbarung, wir sind noch lange nicht am Ende des Begreifens. Nur unser immer neues Fragen zwingt die Gottheit zu immer neuen Antworten. Wer für sich selbst das Charisma eines Berge versetzenden Glaubens hat, darf sich jedoch nicht geborgen und gerettet wähnen, im Gegenteil: gerade er trägt das volle Maß der Verantwortung für den Glauben der andern. Für den selbst unangefochten Glaubenden muß der Unglaube der andern Stachel und Kreuz seines Lebens sein. Glauben ist wesentlich Hoffen. Man kann sagen, Glauben und Hoffen ist im Grunde das gleiche. Wer heute an Gott glaubt, der hofft auch, daß Gott seine Menschen nicht fallenläßt. Anders gesagt: daß die augenblickliche »Gottlosigkeit« der Menschen nichts anderes sei als die »Gottlosigkeit« Jugendlicher, die aus allzu christlichen, bigotten Familien kommen, mit deren Art von Frömmigkeit sie einfach nichts anzufangen wissen und, ehe sie eigene Formen und das ihnen entsprechende Gottesbild finden, eine Zeit der völligen religiösen Indifferenz oder der Rebellion durchmachen. Der heute Glaubende beweist seinen Glauben damit, daß er für die Welt hofft und Zeugnis ablegt für seine Hoffnung.

Aus: An den Frieden glauben, S. 335/336, a.a.O.

Hinter alle Theologie zurückgehen

Nach vielem, nach jahrelangem Lesen, Lesen, Lesen in fachtheologischen Schriften das lebhafte Bedürfnis, alle meine theologischen Bücher zu verbrennen und dann nichts dergleichen je mehr zu lesen. Keinen Thomas, keinen Barth, keinen Rahner, keinen Metz, keinen Küng, keinen Harvey Cox und vielleicht nicht einmal mehr einen Bloch, der ja auch nicht eben bloß Philosophie schreibt. Ich habe die ganze Theologie satt, satt, satt.
Das Wort des alten Aquinaten abwandelnd, sagen: »Alles was ich las, scheint mir Spreu! Ja, und dann? Dann? Ohne Theologie leben, das dürfte doch wohl möglich sein. *Hinter*

alle Theologie zurückgehen, *das* ist wichtig. *Dort* ist – vielleicht – der Gott, den nur »die Kinder« finden …

Aus: Baustelle. Eine Art Tagebuch. 1967-1970, S. 356, (c) 1970 by S. Fischer Verlag, Frankfurt am Main

Ich will nicht schweigen

Ich bin nicht willens, der Kirche in allen Dummheiten zu folgen. Ich bin nicht willens, meinen Verstand und meine Erfahrung mit Gott und Menschen zu verleugnen, nur damit die braven Kirchenspießer ihre Ruhe haben. Ich will in dieser Kirche bleiben, aber ich will nicht in ihr schweigen, denn ich will, daß sie sich ändere.
Oh dieses Bild von der braven katholischen Schriftstellerin, der erbaulichen! Ich habe es hingenommen als Preis dafür, daß ich vielen helfen konnte, nicht zu verzweifeln. Aber ich habe es immer als einen sehr hohen Preis betrachtet. Und jetzt, wo ich einmal wage, gegen meine Kirche zu reden, schreien sie los: das dürfe ich nicht, das beunruhige sie, das ziehe ihnen den Boden weg unter den Füßen. (Möchte wissen, was geschähe, wenn ich öffentlich meinen Kirchenaustritt erklärte. Das Geschrei möchte ich hören. Aber ich werde diesen Anlaß nicht geben.) Wenn man mich weiter »katholische Schriftstellerin« nennen will, dann wird man wissen, daß katholisch heißen kann (und hier heißt), mit Zivilcourage und mit allen erdenklichen Schmerzen um die Wahrheit in dieser Kirche kämpfen und das Nur-Katholische überwinden um der Einheit in Christus willen. Ist das klar? (»Sagt es niemand, nur den Weisen …« Was für Mißverständnisse beschwöre ich jetzt wieder herauf. Wer wird wieder um mein Seelenheil beten und über mich weinen?!)

Als ob es für mich kein Schmerz wäre, nicht in der Geborgenheit meines Kinderglaubens, in meinem bayerischen Barock, in meiner bäuerlichen Frömmigkeit bleiben zu können! Als ob meine Rebellion nicht meine Vertreibung aus dem Paradies wäre für mich, das Kind aus den »Gläsernen Ringen«.

Aus: Baustelle. Eine Art Tagebuch. 1967-1970, S. 46/47, a.a.O.

Erlöste, die unerlöst erscheinen

Woher kommt es, daß es so bemerkenswerte Leute außerhalb der katholischen Kirche gibt, ich meine nicht nur »gute Menschen«, sondern wissende, noble, starke, während es im Katholizismus so viele muffige, kleinliche, unangenehme gibt? Woher kommt es, daß jene, die in besonderm Sinn als Erlöste gelten können, so penetrant unerlöst erscheinen? Auch an Ihnen, Herr C., ist etwas von jener Freudlosigkeit, der tristezza, der Härte, die gerade Christen, Katholiken, wesentlich nicht haben dürften.

Aus: Abenteuer der Tugend, S. 76/77, a.a.O.

Wege aus der Verzweiflung

Ob ich Verzweiflung kenne?

Frage: was ist denn Verzweiflung eigentlich? Kierkegaard nennt sie »die Krankheit zum Tode«. Er hat sie erlebt und philosophierend überstanden, aber er litt schrecklich. Ich frage mich, ob Jesus verzweifelt war. Sagte er nicht: »Mein Gott, warum hast du mich verlassen?« Ist Verzweiflung die Erfahrung, von »Gott« verlassen zu sein? Beraubt der spirituellen Kräfte? Beraubt jeglicher Hoffnung? War ein Johannes vom Kreuz verzweifelt, als er von der »dunklen Nacht« sprach? Verzweiflung ist jedenfalls das Gefühl, aus einem Sinn-Ganzen herausgefallen zu sein und die Furcht, einsam zu sein und auf rein gar nichts mehr hoffen zu können.

Ob ich diesen Zustand kenne? Nein, so nicht. Ich kenne Zeiten der Dunkelheit, in denen ich mich frage, ob es Sinn hat weiterzuleben. Ich fühle mich in einem engen finstern endlosen Tunnel, in dem ich immer weiterlaufe. Das ist der Zustand, der den Gedanken an Selbstmord nahelegt. Aber etwas in mir weiß aus Erfahrung, daß der Tunnel nicht endlos ist und daß schließlich doch ein Schimmer von Licht erscheint. Ich muß oft lange warten, bis mich der Tunnel ins Licht entläßt. Ich weiß, daß der Tunnel mit seinem herz-abwürgenden Verlassenheits-Gefühl eine Versuchung ist, eine Prüfung meines Vertrauens in den *Sinn*. Ob mich die wiederholte Erfahrung vom Wechsel zwischen Finsternis und Licht nicht zur sacra indifferentia bringt, zum heiligen Gleichmut? In gewissem Sinne ja. Auf der spirituellen Ebene ja. Aber ich lebe auf dieser Erde,

und kann und darf nicht gleichgültig, auch nicht gleichmütig sein gegenüber den Leiden meiner Mitmenschen.
Frage ich je: Warum läßt Gott diese Leiden zu? Diese Frage stelle ich nicht. Sie gehört zu jenen Fragen, auf die es schlechthin keine Antwort gibt.
Aber ich frage: warum lassen wir Menschen das zu? Ich frage mich: warum lasse ich das zu? Warum lasse ich mich nicht verbrennen wie Jan Pallach in Prag? Oder wie die buddhistischen Mönche im Vietnamkrieg? Was würde es nützen? Echte Verzweiflung ist der Verlust jeder Kommunikation mit der Welt, mit den Menschen. Das ist die Hölle. Man kann die Verzweiflung nicht aus der Welt schaffen, aber man kann helfen, daß einer, der am Abgrund der Hoffnungslosigkeit geht, nicht verzweifelt. Das Rettungsseil ist die Liebe. Und das ist zu leisten: den bedrohten Nächsten Liebe geben.

Erstveröffentlichung aus einem Gespräch 1992, a.a.O.

Ich rolle den Mühlstein bergauf

August-Schwermut. Unfehlbar überfällt sie mich. Seit ich denken kann: immer war mein Leben am dunkelsten, wenn die Sonne im Zeichen des Löwen steht. Feindliches Zeichen. Die Sommerferien meiner Kindheit und Jugend, sie fielen in diese Zeit, und wie finster waren mir diese Wochen zuhause bei den Eltern, wo alles verboten und alles geregelt war, und zwar einzig nach den despotischen Wünschen meines saturnischen Vaters. Wie endlos war dieser August. Abreise und Schulbeginn kaum zu erwarten. Meine (noch heute erhaltenen) Briefe an meine Freundin Gertraud bezeugen das alles. August: mein möglicher Selbstmord-Monat. Meine Depressionszeit. Mühsam, mühsam. Meine

Tagebuch-Notizen aus Jahrzehnten beweisen es. »Schlecht gefühlt, müde, miserabel gefühlt, unfähig zur Arbeit, schwermütig, Todesgedanken …« So steht es da. Heute ists weniger schlimm. Die Versuchung ist nicht schwarz, sondern grau: taedium vitae. Grundlos. Aber eben das ist es. Grundlose Trauer, darum nicht in den Griff zu bekommen. Lebenslangeweile, Überdruß. Versuchung zur Todsünde der Trägheit. Ich arbeite dagegen an. Ich rolle den Mühlstein bergauf.

Aus: Im Dunkeln singen. 1982 bis 1985, S. 110/111, a.a.O.

Schutz gegen die Angst

Manchmal bin ich so traurig, daß ich weder mittags noch nachts einschlafen will. Ich bin müde, aber ich habe Angst vor dem Schlaf. Es könnte mir etwas geschehen, wenn ich unaufmerksam und wehrlos bin im Schlaf. Ich meine nicht: Diebe, Mörder, Feuer, Wasser, Erdbeben oder derlei. Ich meine: bedrohliche Träume oder nein: ich meine den Abgrund der Bewußtlosigkeit, in den ich falle und in dem ich ausgeliefert bin an etwas, das ich nicht kenne.
Ich halte mich mit Kopfwehmitteln und Kaffee wach, obgleich mein Körper, vergiftet von Müdigkeit, nichts mehr will als schlafen, schlafen. Aber das ist selten. Wenn es so ist, dann ists Alarm für mich. Dann hat meine Fähigkeit, das Leben zu ertragen, eine (vorläufige) Grenze erreicht. Dann muß ich aus meiner Einsamkeit ausbrechen und unter Menschen gehen, und jemandem eine Freundlichkeit erweisen. Einziger Schutz gegen die Angst.

Aus: Baustelle. Eine Art Tagebuch. 1967-1970, S. 52, a.a.O.

Endlich fliegt der Vogel auf

»Die Hölle, das sind die andern.« Das schrieb Sartre. Was für ein schrecklicher Satz. Ich erhebe Einspruch. Widerspruch. Auch im Namen Sartres. Es war ja nicht sein letztes Wort.

Heute erlebe ich den Gegen-Satz. Das Fehlen der andern, das ist die Hölle. Die andern, die nämlich sind das Leben.

Ein Dezembertag. Es wird nicht hell. Die Wolken hängen tief. Kein Monte Cavo zu sehen, kein Rocca di Papa, keine Kastanienwälder, und bald auch kein Baum meines Gartens mehr. Ich sitze in einem gestockten Wolkenmeer. Windstille. Absolut. Keine Blattspitze bewegt sich. Der Messingstier, den Stephan mir als Windanzeiger gemacht hat, rührt sich nicht. Kein Vogel flattert auf. Kein Flugzeug. Kein ferner Autolärm. Nichts mehr.

Mein kalter Schrecken: ich bin allein auf der Erde. Übriggeblieben nach Katastrophen. Allein in einer stummen Welt. Das ist die Hölle. Allein-sein. Keine Menschenstimme. Keine Bewegung. Totenstille. Bin ich ins Totenreich gefallen, ohne es zu merken? Was wird geschehen?

Endlich fliegt ein Vogel auf, ein schwarzer Pfeil schießt an meinem Fenster vorbei und streift das Weidenbäumchen, das kurz erschauert. In der Nebelferne bellt ein heiserer Hund. Einen Augenblick zeigt sie mir Leben. Vorübergehend. Aber schon bin ich voller Hoffnung. Der Vogel lebt, der Hund lebt, das Weidenbäumchen lebt. Nun schreckt mich die Stille nicht mehr so. Der Vogel war die Taube aus Noahs Arche. Einige Minuten später streift ein Windhauch durch den Garten, wie wenn durch eine geöffnete Tür ein Luftzug weht. Der Vogel hat nicht zu viel versprochen: einige Minuten später hellt sich das Dunkel auf. Nicht um vieles, aber das Wenige ist schon Trost. Wieder ein wenig später höre ich die Stimmen von Attilios Enkeln. Der Bann ist gebrochen. Ich bin nicht im Totenreich. Die andern, die garantieren mir Leben.

Aus: Wir Heimatlosen. 1989-1992, S. 119/120, a.a.O.

Heimweh nach dem Himmel

Heimweh. Zeit der Schmerzen. Was aber macht mir Schmerzen? Alles. Mein Dasein. Das Daseinmüssen. Aber ich lebe doch gern, ich lebe mit Leidenschaft gern, ich freue mich über vieles. Jedoch: auch in der Freude ist Schmerz. Immer der selbe. Was für ein sonderbarer Schmerz ist denn das? Keine Depression. Die kenne ich auch, natürlich. Ich finde keinen Anlaß für meinen Schmerz, vielmehr allen Grund, mich zu freuen. Aber der Schmerz ist da.

Etwas zieht an mir, etwas zieht mich aus mir heraus. Geburtswehen: ich muß mich gebären. Das ist kein literarisches Bild, das ist die genaue Darstellung eines Geschehens. Was für ein ungeheuerlicher Vorgang: der Mensch schaut sich beim Selbst-Werden zu! Keine Schizophrenie, kein krankes Gespaltensein in »zwei Seelen«, sondern die normale Situation des Menschen. Aber wie ist das: ein Mensch sucht sich selber ... Wo vermutet er sich denn, wo sucht er sich? Das eben ist zu wissen.

Manchmal *sehe* ich mich: meine eigentliche »Seele«, die vom »Himmel« her mich anschaut und sich mit mir wieder vereinigen möchte. Ich möchte zu ihr kommen, aber ich kann es noch nicht. Das Heimweh macht mich leiden. Es ist aber mein schöpferischer Antrieb dazu, »gut« zu sein, das heißt: zu erkennen.

In vielen Leserbriefen steht etwas von einer »unnennbaren und unheilbaren Schwermut«, die nagt und zieht. Heimweh ists nach dem »Himmel«. Das Beste, was uns die Himmlischen auf unsern Erdenweg mitgeben konnten: dieses Heimweh.

Aus: Kriegsspielzeug, S. 117/118, a.a.O.

Die Erde – ein finsterer Korridor?

Schon hörte ich, von Kindertagen her säuberlich aufbewahrt in meinem Kopf, eingewickelt in weihrauchduftende Katechismusblätter, die gängige Antwort: »Gott hat das Leiden nicht gewollt; er läßt es nur zu, seitdem die Sünde in die Welt kam.« Er läßt es zu! Der Vater läßt es zu, daß seine Kinder von Feinden gepfählt, geröstet, vergiftet werden? War der Gott des alten Bundes nicht ein besserer, da er dem Abraham, der sich einbildete, seinen Sohn um Gottes willen schlachten zu müssen, verbot, dies zu tun, denn er wollte, daß jener Knabe lebte! Der Gott aber, der Marie-Catherines Schicksal lenkte, der wollte nicht, daß sie lebte, sich freute, glücklich war? Nein, nein, das ist kein Glaube für mich. Da ist mir's schon leichter zu denken, daß die Willkür, gottlos und grausam und blind wie die Natur, über uns herrscht. Dies zu denken enthebt mich der unehrlichen, der akrobatischen Denkkunststücke der Theologie, das Schreckliche, das zu sehen sie nicht umhin kann, in Übereinstimmung zu bringen mit ihrer Lehre von einem menschenliebenden Gotte. Haben wir doch den Mut, zu sehen, daß unser Los ein absurdes ist: das Los eines im Weltall irrenden, aus der Bahn geschleuderten, winzigen, zerfallenden Sterns, um den keiner sich kümmert bis zu dem Augenblick, in dem, vielleicht, Gericht über ihn gehalten wird.

»Aber, aber«, hörte ich von weither die Stimme des Paters, »wie kann man nur so triviale Dinge sagen wie irgendein kleiner Möchtegern von Atheist! Als ob Sie nicht wüßten, daß Gott, an den nicht zu glauben Sie vorgeben, nach einem uns verborgenen Plane handelt, der weit über dieses unser irdisches Leben hinauszielt und der nur verstanden werden kann eben von dorther.«

»Aha«, erwiderte ich, »da wären wir also wieder einmal beim ›Jenseits‹, dieser so bequemen Ausflucht der Theologie: ›Einst werden wir alles verstehen‹. Ich werde verstehen, warum ich ein Krüppel sein mußte, warum Clemens scheiterte, warum Marie-Catherine ihren Doktor nicht bekam. Und dann werde ich sagen: ›Ach so! So war das: zu unserm ewigen Heil war es nötig, daß wir auf Erden litten.‹ Gesetzt, das wäre wirklich so: was hilft uns das hier auf Erden? Ist denn die Erde nur ein finsterer, schmutziger Korridor, den man möglichst rasch durcheilen muß, um hinauszugelangen, in den Prunksaal oder in den Garten? Ist denn die Erde nichts? Ist sie uns nicht gegeben zum innigen Verweilen? Ist sie uns nicht gegeben zum Lieben, zum Kosten, zum Ergreifen, zum Umarmen? Nicht einmal das Christentum lehrt, daß Askese ein Wert für sich selbst ist. Das sind fremde Gedanken, nicht im Evangelium zu finden, das weiß sogar ich. Wieso aber dann gibt Gott Gaben, die nicht Verwendung finden dürfen? Wieso zeigt er Güter, die nicht ergriffen werden dürfen? Wieso hat er die Liebe erschaffen und sie erweckt in den Herzen seiner unglücklichen Kinder, wenn diese unter Tränen und Kämpfen seltsamster Art etwas daraus machen, das den Namen Liebe nicht mehr verdient, so kümmerlich entleibt und

entfärbt, wie es ist? Das mag hinnehmen, wer will. Ich kann es nicht.«
Als Stunden später der Pater kam, war ich zu Tode erschöpft. Ihm mochte ich friedfertig erscheinen und schon ergeben. Aber mir war nur die Hand erlahmt, die nach ihm schlagen wollte; doch sie würde sich schon wieder erholen. Ein einziges falsches, unredliches Trostwort von ihm, und ich würde zuschlagen.

Aus: Die vollkommene Freude, S. 242/243 der Taschenbuchausgabe 1972, (c) 1962 by S. Fischer Verlag, Frankfurt am Main

Er lebt so, wie er singt

»Ihr wolltet mir erzählen, wie der Franz euch dazu brachte, eine Kirche zu wollen.«
»Ja, das war so: er ist oft mit seiner Gitarre gekommen und hat sich zu uns gesetzt und gesungen, er hat eine schöne Stimme, und er hat die Canzoni selber gedichtet, sie sind ihm so beim Singen eingefallen, aber er hat immer in Französisch gesungen, seine Mutter ist aus Frankreich, sagt man. Und einmal haben wir ihn gefragt, warum er nicht in Italienisch singt, daß wir ihn verstehen können. Er sagte: ›Ihr wollt die Worte doch nicht hören, weder mit den Ohren noch mit dem Herzen.‹ Da waren wir neugierig, was für Worte das sind, die wir nicht hören wollten, und da sang er zum ersten Mal in Italienisch. Und dieses Lied, das ist das unsere geworden, so was wie eine Nationalhymne.«
(Alle lachen.)
»Wollt ihr es jetzt singen?«
»Warum nicht?«

(Hier ist das Lied, ich habe es gleich mitgeschrieben.)

O Signore, fa di me un istrumento della tua pace:
Dove è odio, fa, che io porti l'amore
Dove è offesa che io porti perdono
Dove è discordia che io porti unione
Dove è dubbio che io porti la fede
Dove è errore che io porti la verita
Dove è disperazione che io porti la speranza
Dove è tristezza che io porti la gioia
dove sono le tenebre che io porti la luce.
[...]

Herr, mach mich zu einem Werkzeug Deines Friedens:
Gib, daß ich Liebe dorthin bringe, wo Haß ist,
Daß ich Vergebung bringe, wo Kränkung geschah,
Daß ich Einigung bringe, wo Zwietracht herrscht,
Daß ich Glaube bringe, wo Zweifel ist,
Daß ich Wahrheit bringe, wo Irrtum besteht,
Daß ich Hoffnung bringe, wo Verzweiflung ist,
Daß ich Freude bringe denen, die in Traurigkeit leben,
Daß ich Licht bringe in die Finsternis.

»Aber«, sage ich, »das ist ein frommes Lied, mögt ihr denn so etwas?«
»So schon, so wie Franz es singt. Da versteht man auf einmal, was gemeint ist. Er selber lebt so, wie er singt, das ist alles einfach aufrichtig, das wirft einen um. Der Franz darf es sich sogar erlauben, mit uns über das Armsein zu reden, und daß es besser ist als Reichsein, natürlich meint er mit Armsein nicht den Zustand, in dem wir gelebt hatten, ehe er uns geholfen hat, das war keine Armut, das war Unterdrückung und nicht nötig und ganz unfruchtbar.

Wenn in der Kirche ein Pfarrer predigt ›Selig sind die Armen‹, dann möchte man ihm was an den Kopf werfen und fragen: du da droben, weißt du denn, was Armsein heißt, bist du ein Obdachlosenkind gewesen, hast du je gebettelt, und hast du stehlen müssen vor Hunger? Aber wenn der Franz so etwas sagt, dann stimmt's. Er ist selber arm geworden, freiwillig und nicht zum Spaß, er hat es hart genug, aber er will nicht besser leben als die Unterprivilegierten, sagt er, und er sagt: ›Solange noch ein Kind auf Erden verhungern muß, weil man das Geld zum Bau von Kanonen und Bomben braucht, so lange will ich auch hungern und frieren.‹ Und das tut er wirklich, und oft übertreibt er's, einmal im Winter hat er einem auf der Straße seine Jacke geschenkt und ist im Hemd weitergegangen und hat sich eine Erkältung geholt, und als wir ihn schimpften, sagte er: ›Und wenn ich dem Alten die Jacke nicht gegeben hätte, dann hätte *er* die Erkältung, also?‹ Eine Zeitlang, am Anfang, hat er was ganz Verrücktes getan: er ist betteln gegangen.«

»Betteln?«

»So wie sie es früher gemacht haben, die Armen, die von Haus zu Haus gingen und sich das Essen zusammengebettelt haben, so hat es auch der Franz gemacht: er hatte eine Blechschüssel, und da hinein ließ er sich das Essen geben, wie es eben kam. Am Anfang hat es ihn wohl fürchterlich geekelt, und er hat sich erbrechen müssen, aber nach und nach hat er sich daran gewöhnt.«

»Nein«, sagt ein anderer, »das kannst du nicht sagen, daß er sich daran gewöhnt hat, es blieb immer gräßlich für ihn.«

»Aber«, frage ich, »warum eigentlich hat er das getan?«

»Er wollte alles Elend am eigenen Leib kennenlernen, er wollte behandelt werden, wie Bettler behandelt werden,

er wollte leiden, was andre leiden, das war ihm ganz und gar ernst. Natürlich haben ihn viele ausgelacht. Einmal hat er in einem Kloster in Perugia gebettelt, da haben sie ihm Wasser statt Suppe gegeben und gesagt: ›Da hast du französische Fleischbrühe.‹
›Französisch‹ haben sie gesagt, weil er Francesco heißt und seine Mutter aus Frankreich stammt.
Der Franz hat das Wasser ausgetrunken und gesagt: ›Die Suppe war wirklich gut.‹
Das ist bei ihm oft so, daß man nicht weiß, ob er scherzt oder ob er etwas damit sagen will, ohne es direkt zu sagen. Es kann aber auch sein, daß für ihn das Wasser eben zur Suppe geworden ist.«

Aus: Bruder Feuer, S. 42-45, a.a.O.

Hoffend sein

Als ich einmal, in Jerusalem, mit Martin Buber in ein Gespräch über die Liebe kam, lehrte er mich, von der hebräischen Sprache herkommend, den Unterschied zwischen *lieben* und *liebend sein.* Ich möchte diese Unterscheidung auf das Hoffen anwenden: Man kann *hoffen* und *hoffend sein.* Man *hofft*, das heißt: man hofft auf etwas; man wünscht und erwartet, daß etwas Gutes eintrete, etwas Bestimmtes, etwas Gegenständlich-Erfahrbares, und sei es scheinbar so unbestimmt und ungegenständlich wie »eine glückliche Zukunft«. *Hoffend sein* aber bedeutet: sich in einem Zustand der Bereitschaft befinden, des Nicht-Fixiertseins auf bestimmte Wunscherfüllung, des Vertrauens darauf, daß, was immer auch geschehen möge (erwünscht oder unerwünscht), es das auf jeden Fall Anzunehmende und darum auch Annehmbare sei. Der also Hoffend-Seiende ist nach überallhin offen: nach vorne, nach oben, auch nach unten (der dunklen Tiefe zu), auch nach rückwärts, nach der eigenen Vergangenheit und jener der ganzen Menschheit hin; er ist auch horizontal offen, zum Mitmenschen hin und zu allem, was jetzt und hier geschieht.

Dieses Hoffend-Sein heißt nicht: ich hoffe darauf, daß dies oder jenes Bestimmte sich ereigne oder ausbleibe; ich hoffe nicht ausdrücklich darauf, daß, beispielsweise, eines Tages »der Sozialismus« oder »der Friede« auf Erden sich verwirklichen oder daß das Christentum die erdbeherrschende Religion sein werde; ich hoffe nicht einmal ausdrücklich darauf daß die Atombombe nicht falle. Natürlich »hoffe« ich, daß sie nicht fällt, und natürlich »hoffe« ich, daß das Zeitalter der Kriege und Isolationen durch jenes der Verträge und übergeordneten Gemeinschaften abgelöst werde. Aber dies hoffe ich, insofern ich hoffe, nicht insofern ich ein wirklich Hoffender bin. Auf etwas hoffen nämlich setzt voraus, daß ich Wünsche, Begierden, Ängste habe. Das aber gerade widerspricht dem Hoffend-Sein. Wer etwas Bestimmtes »hofft«, der erwartet Änderung, und zwar bestimmte Veränderungen, die ihm, gerade ihm, nötig erscheinen, sei es für ihn selbst, sei es für andere. Der Hoffend-Seiende hingegen weiß (er weiß es nicht mit seinem Verstand, sondern mit seinem ganzen Sein und häufig *gegen* seinen Verstand und *gegen* seine Erfahrung), daß alles, was ist und geschieht, so sein und so geschehen muß (»muß« im Sinne des biblischen Müssens: »*Mußte* nicht Christus dieses leiden ...«); er »weiß«, daß alles einer einzigen Ordnung angehört; daß alles scheinbar sich Widersprechende eins ist, auch wenn es als dieses Eine von uns noch nicht zu begreifen ist, auch wenn diese ursprüngliche Sinn-Einheit ihre eigene Vollendung noch sucht und suchen muß (aber auch suchen *kann* und darin alles noch ausständige Verheißene geheimnisvoll vorwegnimmt); daß von diesem *Einen* her und in ihm alles, aber auch wirklich alles »Sinn« hat, weil es eingefügt ist in den einen großen Sinn, und daß nichts von diesem sinnvoll Eingefügten verloren, vertan, spurenlos verweht sein *kann*. So erfährt der Hoffend-Seiende sich als den ins Weltganze nahtlos Eingefügten, nahtlos eingefügt durch alles, was zu dieser Einheit gehört, also gerade auch durch die Hoffnung selbst. Er ist diesem Weltganzen so zugehörig, daß weder er sich aus der Welt davonstehlen, noch daß die Welt sich von ihm lossagen darf, ohne daß ihm und dem Weltganzen eine unheilbare Wunde zugefügt würde. Noch der Sturz aus dem Ganzen (selbst der frei gewählte, gewollte, und es gibt ja doch letztlich keinen andern), das Herausfallen ins Asoziale, in den Nihilismus, in die Selbstzerstörung, entläßt den Menschen nicht einfach ins wirklich Leere, Sinnlose. Auch der in freier Entscheidung der Hoffnung sich Begebende entfällt nicht dem Sinn-Ganzen; doch begibt und versperrt er sich in jene Isoliertheit, Hölle genannt, in der ihm selbst diese Einheit nicht mehr erfahrbar und nicht mehr als Seligkeit erlebbar ist. Vielleicht aber gibt es gar keinen wirklich radikal und schuldhaft Verzweifelten, und nur der Ernst unserer freien Entscheidung verbietet uns, mit der Hoffnung darauf, daß es keinen wirklich Verzweifelten, also »Verdammten« gebe, wie mit einer Selbstverständlichkeit zu rechnen; denn auch diese Hoffnung darf sich nicht in Sicherheit verwandeln, sondern wiederum nur in Hoffnung.

Ob die Sinn-Einheit von uns erfahren und bejaht wird oder nicht: sie selbst besteht, sie selbst bleibt; denn es ist nichts, aber auch gar nichts denkbar, das außerhalb des Welt- und Sinn-Ganzen läge. Ein solches Außerhalb anzunehmen bedeutet entweder Gottesleugnung oder, was ebenso unheilvoll ist, völlige Verkennung des Wesens Gottes; denn Gott umfaßt alles, auch das uns sinnlos Erscheinende, und er wäre nicht Gott, umfaßte er nicht alles. Hier erweist sich, daß Hoffnung auch Glaube ist und daß der Hoffend-Seiende gläubig ist, ob er sich ausdrücklich als gläubig erkennt oder nicht.

Aus: An den Frieden glauben, S. 300-302, a.a.O.

Sich nicht aufgeben

Unter den Briefen junger Menschen, die mich erreichen, sind viele, die das Problem Selbstmord deutlich oder versteckt enthalten. Christlich Erzogene fragen, ob Selbstmord wirklich eine »schwere Sünde« sei. Darauf kann ich keine Antwort geben. Ich weiß aus eigener Erfahrung, daß es Augenblicke im Leben gibt, in denen man »einfach nicht mehr kann«. Als ich unter Hitler im Gefängnis war, das Todesurteil erwartend, dachte ich, ihm zuvorzukommen. Ich wäre die erste nicht gewesen, die sich mit einem Streifen Bettzeug am Fenster der Zelle erhängt hätte. Aber auch als junges Mädchen hatte ich finstere Zeiten. Damals war die Münchner »Großhesseloher Brücke« für viele sehr verlockend. Es gibt auch heute manche Stunden oder auch Tage, in denen mich »das Leben nicht mehr freut«, doch sind es heute nicht private Leiden, die mich mörderisch quälen, sondern die Erfahrung von der Dummheit der Politiker aller Richtungen und von der Feigheit der durch sie Manipulierten. Ich zweifle bisweilen am Wert des Menschen. Ich weiß, daß dies eine Versuchung des Teufels ist, aber sie kommt eben. Jedoch: ich bin nicht verzweifelt genug, um mich umbringen zu dürfen. Ich hoffe für den Menschen, ich darf die Hoffnung nicht fahrenlassen. Jesus hat sie auch nicht aufgegeben, obwohl er schier verzweifelt war über seine Zeit, selbst über seine eigenen hartköpfigen Jünger, diese erste »Kirche«. Er liebte uns, weil er in uns allen das »Licht vom Licht« sah.

Aus: Mit wem reden, S. 125/126, a.a.O.

Vielleicht hilft nur das Lieben

... eben ein Gespräch mit Margret. Ich bin erschüttert, doch nicht so sehr von ihrem Bekenntnis (das nichts Neues für mich enthielt), sondern von meiner Unfähigkeit, ihr zu helfen.
Sie sagte, sie wollte sterben, weil es ihr unmöglich sei, ein so leeres, nutzloses, sinnloses Leben weiterzuführen. Was sollte ich ihr darauf sagen? Ihr Leben *ist* leer, es *ist* nutzlos. Ich wage nicht zu sagen, es sei sinnlos, denn ich glaube nicht, daß es dies gibt: ein sinnloses Leben. Aber wirklich: wofür lebt sie? Ohne Kinder, ohne Beruf, mit einem Mann, der ebenso erfolgreich und intelligent wie eitel und unwissend ist, ein Leben ohne äußeres und inneres Ziel, ein Dahinleben. Ich konnte sie nicht trösten, ich ließ sie reden und klagen. Aber ich kann ihr nicht helfen. Das ist bitter. Gibt es wohl Worte, die einem Menschen in Margrets Lage helfen können? Gibt es überhaupt eine andere Hilfe als jene, die aus der eignen Kraft kommt? Kann ein Mensch dem andern mehr geben als ein wenig Wärme, die ihn glauben macht, er sei nicht mehr allein? Wie schrecklich, zu denken, daß man mit aller Liebe die Einsamkeit eines andern Menschen um

nichts vermindern kann. Ich kann es wirklich nicht glauben. Vielleicht aber nützt einem das Geliebt-Werden gar nichts, und nur das Lieben hilft.

Aus: Abenteuer der Tugend, S. 87, a.a.O.

Wir haben ein Du

[Shimaya, eine junge Lehrerin aus Japan:]

Und was tun Sie, wenn Sie traurig sind; gibt es in Europa auch Blumenstecken oder statt dessen: was? Trost und Ergebung durch Blumenstecken, das kennen wir nicht, Shimaya, das klingt unbegreiflich. Wenn es noch hieße: sie hat sich getröstet im Gebet, das klänge vertrauter, obgleich für manche hier nicht weniger seltsam. Versteh' ich es denn? Ich denke es mir so: eine Frau mit rotgeweinten Augen, nach vielen Nächten ohne Schlaf, gibt es eines Morgens auf, die Welt, die kleine ihr mißfällige Hauswelt, Familienwelt, ändern zu wollen; sie geht in den Garten, blickt hierhin und dorthin, prüft Zweige und Blumen und schneidet schließlich Narzissen, Blütenstengel und ein Büschel der lanzenförmigen Blätter, trägt alles ins Haus, legt es auf einen Tisch, bleibt lange davor stehen, ihr Gesicht entspannt sich, die Hände liegen ruhig auf der Platte, der Raum ist ganz still, und dann, nach langer Zeit, beginnt die Frau aus dem Bündel von Grün und Weiß auszuwählen: sie nimmt drei Blütenstengel, einen läßt sie lang, den zweiten halblang, den dritten schneidet sie kürzer, und dann legt sie um jeden der Stengel die Blätter, je vier, die längeren nach außen, die kürzeren nach innen, und steckt das ganze Gebilde in die Steinvase, den hohen Stengel ein wenig nach rechts geneigt, den mittelhohen deutlich nach links, den kurzen wieder nach rechts, man kennt die Gestalt aus Bildern, man weiß, was die drei Stengel bedeuten: der hohe den Himmel, der mittelhohe den Menschen, der kurze die Erde, und diese drei müssen in Harmonie sein. Die Frau tritt ein wenig zurück, schaut ihr Gebilde prüfend an, nimmt es auseinander, beginnt von neuem, zweimal, dreimal, das Gesicht wird immer stiller, die Hand immer sicherer, und endlich steht es da, wie es sein soll: das Vollkommene, das dem Menschen gelingt, wenn er sich selbst und seinen Kummer übersteigt.

Es gab eine Zeit, da ich dachte, dies sei nichts als Resignation, man webe sich einen schützenden Vorhang zwischen dem verwundbaren, verwundeten Herzen und der feindselig sperrigen Welt; eine Flucht ins Nichts-als-Schöne, wie auch das Gebet Flucht sei, zurück in die Wiege, die Nichtverantwortlichkeit, das Aus-dem-Spiel-Sein. Es ist nicht so. Strenge Zucht ist es vielmehr, und schwer zu leisten. Ein japanischer Ritter sah seine Burg an den Feind verloren, wenige Stunden blieben ihm bis zu seinem Tod; er steckte Blumen; so ging er mit Würde ganz still zum Sterben.

Ich kann dir nicht sagen, was andere tun, ich kann nur von mir berichten: ich suche den Raum der Stille, ich lausche, warte, ich höre endlich die Quelle, die Wasser die mir bis zum Halse reichen finden den Anschluß an die ewigen Wasser, und so wird denn schließlich alles gut, wie schlimm es auch äußerlich zugehen mag. Nur: das, was dir als das große Es erscheint, das gibt sich mir als Person. Wir haben einen Gott. Den Gott. Wir haben ein Du, das aus der unermeßlichen Fülle der Leere trat, Wort wurde, Fleisch wurde, unsersgleichen, bereit zum Gespräch. Aber glaub nur nicht, daß dies für unser Gefühl einen großen Unterschied macht: auch dieser brüderlich nahe Gott ist schwer

zu fassen, und was uns tröstet, ist nichts anderes als das, was euch tröstet:
die ergebene Hoffnung, ausgesandt ins scheinbar Leere.

Aus: Septembertag, S. 116-119, a.a.O.

Im Dunkeln singen

Warum *ist* überhaupt etwas. Anders gefragt: Warum ist nicht *nichts*?
Mein Gespräch mit Isang Yun in Bonn. Wir beide depressiv, weil wir überarbeitet sind, eine unschöpferische Phase haben und auch tief in politischer Sorge um Korea leben. Das war am Abend des 3. Juni. Wir saßen im chinesischen Restaurant am Rhein und wußten noch nicht, was an diesem Tag in China geschah. Hätten wir's gewußt, wir wären völlig verzweifelt gewesen, wie wir's freilich dann tags darauf waren, am Morgen vor Isangs Konzert in der Beethovenhalle. Seine 4. Symphonie. Er gab ihr den Titel ›Im Dunkeln singen‹. Der Titel meines vorletzten Tagebuchs. Das ist es: im Dunkeln singen. Ja. Aber wenn die Kehle zugeschnürt ist? Wenn kein Ton mehr kommt? Wenn das Dunkel so fürchterlich schwarz ist, daß es einen zernichtet? Isangs bohrende Frage: Wozu das alles, sag doch, wozu, wozu all diese Leiden.
Mit dieser Frage schlagen sich die Philosophen und die denkenden Menschen seit etwa vier Jahrtausenden herum. Und was ist ihre Antwort? Oder sag du mir: Was ist deine Antwort? Isang, ich stelle diese Frage nicht mehr. Es ist sozusagen unökonomisch, darüber nachzudenken. Ich habe Jahrzehnte meines langen Lebens gefragt und keine Antwort gefunden.

Wie erträgst du das Leben, ohne zu wissen, warum und wozu es ist?
Du hast doch meinen Satz für deine 4. Symphonie gewählt: Im Dunkeln singen. Man muß singen. Ich meine mit singen: kreativ arbeiten. Das ist deine und meine Rettung. Künstler arbeiten aus Verzweiflung. Wir retten uns durchs Singen.
Und die, die nicht singen können?
Es gibt viele Arten von Singen. Wenn mir das Singen nicht gelingt, dann liebe ich.
Wie »lieben«? Wen denn?
Alle, alles. Und dann weiß ich, daß dies die Antwort ist auf jene Frage. Lieben ist in sich eine kreative Handlung, oder vielmehr: eine kreative Haltung. Du und ich, wir können doch beides: singen und lieben. Was wir tun, sei es in der Kunst, sei es in der Politik, das ist immer ein Gesang im Dunkeln, und es ist immer Liebe.
Nach einer Pause lacht Isang laut. Was lachst du?
Ich habe gedacht: Ehe wir auf diese Welt kamen, haben wir gewählt, ob wir geboren werden wollen, und wenn ja, als was. Da haben wir die Existenz des Künstlers gewählt. Und dann beklagen wir uns ein Leben lang darüber, daß wir frei gewählt haben, Künstler zu werden.
Wir lachen beide. Ein befreites, heiteres Lachen. Das große Ja zum Leben.
Am nächsten Tag freilich, mit der Nachricht aus Peking, verschlug es uns das Lachen. Für eine Weile. Nicht für immer. Nein. Und jetzt, Isang?
Er macht eine Bewegung, als steige er über ein hohes Hindernis. Ich sage: Der Drachen, von dem deine Mutter träumte, als sie mit dir schwanger war, der Drachen, der sehr hoch fliegt. Verwundet freilich, aber er fliegt.

Aus: Wir Heimatlosen, 1989-1992, S. 29-31, a.a.O.

Gotteslicht – Gottesfinsternis

Majestät, ich setze Sie ab

Mein Verhältnis zu dem, was wir Gott nennen? Sehr wechselnd war das. Ich habe jenes Wesen immer als wirklichste Wirklichkeit genommen, so sehr, daß ich, wie im Alten Testament die Propheten, mit ihm gehadert habe. Ich schrie ihm sozusagen ins Gesicht: Warum hast du Menschen geschaffen, die sich doch nur abquälen und einander umbringen? Warum hast du den Menschen aus Dir heraus entlassen und auch noch aus der Pflanzen- und Tierwelt verstoßen? Und warum hast du ihm Verstand gegeben, aber nur Stückwerk, nur so viel, daß er weiß, daß er überall mit dem Kopf an Mauern stößt? Du bist ein Sadist, hörst du? Bist du vielleicht die andere Hälfte des Teufels?

Kürzlich bekam ich eine Karte, ein Altarbild aus dem Elsaß, da sitzt ein König auf dem Thron, er ist Gott-Vater, er hält die Weltkugel in der einen, das Macht-Szepter in der andern Hand, und blickt streng gerade aus. Rechts von ihm sitzt der geschundene Jesus, links die Madonna mit entblößtem Busen, der in seiner Kugelform der Weltkugel entspricht. Sie bietet ihn dem Herrscher dar, so wie ihm der Sohn seinen leidgeschundenen Körper anbietet. Aber der Herrscher schaut zwischen beiden starr hindurch. Es ist ihm furchtbar gleichgültig. Das Bild hat mich erschreckt. Wie, wenn es so wäre? Wenn dieser Weltenherrscher gar kein Interesse hätte an seiner Schöpfung? Wenn er dem Menschen gar kein ansprechbares Du wäre? Wenn es ihn zwar gäbe, aber für sich, nicht für uns? Das Bild vor meinen

Augen sagte ich in einer Art kalten Wahnsinns: So, du bist? Gut,sei nur. Aber für mich bist du nicht, hörst Du? Von jetzt an sage ich nicht mehr Du, sondern Sie, Majestät. Aber dann setze ich Sie ab. Tun Sie, was Sie wollen. Sie gehen mich nichts mehr an. Ich klage Sie an der Schuld am Menschen und der Schuld am Tod Ihres Sohnes. Ich halte mich an Jesus, nicht an Sie. Den haben Sie ja auch verlassen in seiner Todesstunde. Ist er nicht der Mensch schlechthin? Der Verlassene schlechthin?

Ich habe kein Verhältnis zum Vater-Gott, aber ich habe ein um so innigeres zum Sohn-Gott, dem Geopferten. An ihn halte ich mich, und an den Geist der Liebe.

Ich kann unendlich traurig sein. Ich bin von Natur aus schwermütig. Traurigkeit ist ein Gefühl. Verzweiflung aber geht den Weg über den Intellekt, so wie Atheismus eine Sache des Intellekts ist. Ich war nie Atheistin. Eines Tages aber machte ich die Erfahrung des Atheismus auf dem Umweg über die Identifikation mit meinem Sohn Stephan. Er war im Internat der Schule Ettal mit Gott überfüttert worden, bis er mir sagte: »Ich glaube nicht mehr an Gott.« Ich ließ mich in keine Diskussion ein, denn mir fehlte seine Erfahrung. »Nicht mehr an Gott glauben«, was heißt das eigentlich, vielmehr: wie ist das, nicht glauben. Es war in der Zeit, in der ich täglich zur Messe ging. Und plötzlich, mitten in der Messe, war ich wie tot. Es war eiskalt um mich und eiskalt in mir. Der Zustand dauerte drei Tage. Ich litt nicht einmal. Ich fühlte gar nichts als diese Kälte. Nach drei Tagen, an der gleichen Stelle der Messe, verlor sich die Kälte, und ich lebte wieder. Mein Sohn wurde übrigens kein Atheist, er machte eine Erfahrung, die vorüberging. Ich erkannte danach, daß die Hölle keineswegs heiß ist, sondern eiskalt. Nicht leben, nicht fühlen, nicht lieben, das ist die Hölle.

Ob Karl Rahner, mein Freund und strenger Theologie-Lehrer, ein Heiliger war? Ich weiß es nicht. Aber ein Mystiker war er; einer, der zugleich auf zwei Ebenen lebte, der irdischen und der mentalen. Ich habe von meiner langen Beschäftigung mit seiner Theologie im Grunde nichts behalten. Ich habe denken und philosophieren gelernt, aber was mir durch Rahners Person vermittelt wurde, war mystische Frömmigkeit. Wir haben öfters zusammen die Messe gefeiert; bisweilen nur zu zweit. Da kam er dann, feierlich im Meßgewand, auf den Altar zu, die Hände steil gefaltet, die Augen gesenkt, ein Bild priesterlicher Demutshaltung. Es hat mich immer ein wenig geniert, es gehört für mich in die vorkonziliare Welt, in die Rahner selbst ganz und gar nicht gehörte. Und doch entsprach seine äußere Haltung seiner inneren, und, seltsamerweise, widerstrebend, auch der meinen; sie war ansteckend. Rahner sagte mir, er habe nie eine mystische Erfahrung gemacht. Er wußte nicht, daß er ohne Unterbrechung diese Erfahrung lebte, denn er war immer »außer sich«, außerhalb seines Ego, in der Sorge um den Menschen, also bei Gott.

Von den Mystikern wissen wir, daß sie solche Erfahrungen der Gott-Verlassenheit haben, oft lange dauernd. Aber wenn sie sich von ihrem Gott verlassen fühlen, so wissen sie doch, daß er *da* ist, nur für eine Weile tief verborgen.

Ich kenne Menschen, die sagen, sie seien überzeugte Atheisten. Tatsächlich sind sie nur Agnostiker. Wenn sie Gott leugnen, dann wollen sie damit sagen, daß es ihnen gleichgültig ist, ob es einen Gott gibt oder nicht. Oder sie wollen sagen: Ich weiß doch nicht, wer das ist, an dessen Existenz ich glauben soll; ich »glaube« nicht, weil ich nicht »weiß«.

Echte Atheisten leiden an ihrem Nicht-Glauben. Sie schlagen sich intellektuell-theologisch herum mit Gott. Aber wer sich damit herumschlägt, gibt damit zu, daß so etwas existiert, das wichtig genug ist, es zu leugnen. Atheisten *wollen* nicht glauben, weil es ihrer Weltsicht oder ihrer Erfahrung widerspricht, die Existenz eines über-menschlichen Wesens anzunehmen. Sie sagen sozusagen zu Gott: Ich will, daß du nicht existierst, weil ich keinerlei Beweis habe für deine Existenz; diese unsere Welt ist gott-los; sie ist die Menschen-Welt, und das Welten-Schicksal macht der Mensch, kein Gott.

Erstveröffentlichung aus einem Gespräch 1992, a.a.O.

Der Große Vater

Der Großvater war hell und warm und laut, er war das Leben in Person. Aber er paßte der jungen Autorin nicht ins Buch. Sie mußte sich einen andern Großvater erdichten, den indischen.

Was war der eigentlich von Beruf? Das wird nie gesagt. Es wird nur erzählt, daß die aus Indien kommenden Kisten keine geheimnisvollen Schätze enthielten, sondern nur Bücher, Notenhefte und Papierrollen. Er wird wohl ein Privatgelehrter gewesen sein, ein Indologe, ein Sanskritforscher, und in den Notenheften war wohl indische Musik aufgezeichnet. Er führte ein normales Leben und tat nichts von dem, was das Kind erhoffte: Alchimistisches nämlich. Ungewöhnlich und nicht geheuer waren nur zwei Gegenstände: eine indische Gottheit, vielarmig und mit einer Kette von Totenschädeln um den Hals. Die Figur machte mir Angst. Das andre Geheimnisvolle war ein Bronze-Buddha. Einmal, als der Großvater nicht im Zimmer war, versuchte ich den Lotossitz nachzuahmen. Da kam der

Großvater und sagte ungewöhnlich streng: Laß das! Versuche derlei nie.

Das Gespräch, das die junge Autorin den Großvater mit dem Kind führen läßt, ist sonderbar: so als hätte ich mir selbst eine Lebensweisung gegeben. Der Großvater belehrt mich, daß ich keine »unnötig schweren« Übungen machen soll, und daß ich von äußern Praktiken keine Förderung meiner geistigen Kraft erwarten soll. Als ich 1939 diese Szene schrieb, wußte man allgemein kaum etwas von Yoga. Ich wußte offenbar etwas, aber höchst Ungenügendes, und doch scheine ich begriffen zu haben, daß *mein* Yoga ein Banderer war, einer, der auf einer anderen Ebene lag als jener, den heute die west-östlichen Yogalehrer der Allgemeinheit anpreisen.

Mein Großvater schenkte mir, ehe er starb, diese Buddhafigur, die später, so schrieb es die junge Autorin, Anlaß zu großen Schwierigkeiten im Internat führte. Stimmt das?

Nein. Das ist erfunden. Ich besaß während meiner Schulzeit noch keine Buddhafigur. Ich sah sie viel später im Hause des Komponisten Kaminski, von dem noch die Rede sein wird, und eines Tages kaufte ich meinem Verlobten, seinem Schüler, eine solche Figur. Ich mußte lange darauf sparen. Sie war echt und alt. Damals waren diese Dinge nicht Mode und nicht Massenimport. Wir liebten beide diese Figur. Sie stand auf dem Schreibtisch meines Mannes. Sie ist mit allen Büchern und Noten in Rostock unter dem Bombenhagel im April 1943 vernichtet worden, eingeschmolzen in den Schutt, das Grab vieler Menschen und geliebter Dinge. Der indische Großvater lebte nicht lange. Eines Tages, so schreibt die junge Autorin, durfte das Kind, während einer kurzen Reise der Eltern, beim Großvater wohnen. Eine Zeit der stillen Seligkeit. Ein

Lebens-Wunschtraum der Autorin: ohne die immer störende Gegenwart der Eltern, der angemaßten Autoritäten, der unaufhörlichen Kritik, einmal das einzig gemäße Leben führen zu dürfen, in der meditativen Stille an der Seite des Meisters, im Kloster, sei es ein christliches, sei es ein buddhistisches.

Das Glück der vollkommenen Harmonie von Außen und Innen durfte nicht dauern, der Tod trat dazwischen. Die junge Autorin beschreibt den letzten Abend mit dem Großvater: er ging durch den dunklen Garten, blieb dort stehen und streckte einen Arm hoch, die Hand mit dem Zeigefinger erhoben, und alsbald näherten sich Nachtfalter, einige, viele, immer mehr, bis sie den alten Mann umgaben wie ein blasser Lichtschein, wie ein wehender Schleier. Stille Boten der Nacht, Todesboten, ganz sanft brachten sie die Botschaft. Ein wenig später ging der Großvater ins Haus, das Kind an seiner Seite. Er legte sich zu Bett, er sagte, er sei müde. Am nächsten Tag rief er das Kind zu sich. Ich werde sterben, sagte er lächelnd. Und dann verlangte er von dem Kind, es solle ihm ein Glas und ein bestimmtes Fläschchen bringen. Als es das Fläschchen öffnete, entströmte ihm ein eindringlich herber Pflanzenduft: ein Opiat. Der Großvater trank. Dann schlief er ein. Das Kind blieb an seinem Lager sitzen. In der Kühle der Morgendämmerung merkte es, daß der Großvater tot war. Vierzig Jahre nach der Niederschrift dieser Szene erschrickt die Autorin: was war denn damals geschehen, was hat sie sich damals da erdichtet?

Der Großvater, der Große Vater, der Große Alte, der Alte vom Berge, aus dem Osten gekommen, der Erfüller meiner Sehnsüchte, wer war er, und warum ließ ich ihn sterben auf seinen eigenen Wunsch, warum mußte ich ihm den Todestrank reichen, warum mußte dieser Tod sein, dieser

sanfte Tod, der keine Katastrophe war, sondern eine schöne Notwendigkeit?
Die junge Autorin schreibt, daß sie nach dem Tod des Großvaters aus Gewohnheit manchmal den Weg zum Haus des Großvaters hinaufging und erst, wenn niemand das Tor öffnete, sich erinnerte, daß der alte Mann tot war. Sie schrieb: »Ich trauerte nicht übermäßig und nicht mit Tränen, denn ich vermochte noch immer mit dem Großvater zu sprechen, seine Stimme zu hören ...«
Wußte die junge Autorin eigentlich, was sie da schrieb? Wußte sie, daß Götterbilder sterblich sind und daß man Götter sterben lassen muß, wenn ihre Zeit um ist, und daß es keinen Sinn hat, in Räume eintreten zu wollen, die schon leer sind, weil der Große Vater sich daraus zurückgezogen hat?

Aus: Den Wolf umarmen, S. 137-140, a.a.O.

Ein Auge im Chaos

Ich habe meine Götterbilder nie in Katastrophen gestürzt. Ich ließ sie dahingehen, die Gottesvorstellungen früherer Erkenntnisstufen. Aber ich hörte immer weiter die Stimme des Großvaters, ich habe nie aufgehört, mit dem »Großen Vater« zu sprechen. Als ich, neunzehnjährig, erstmals Nietzsches »Zarathustra« las und jenen Schrei aus der Tiefe hörte, der später zum Modewort in der Theologie wurde: »Gott ist tot«, da entsetzte ich mich nicht, sondern wunderte mich nur, wie ein so großer Geist etwas so Törichtes sagen konnte. Ich spreche von der Reaktion der Neunzehnjährigen.
Wenn ich mich jetzt auf meine Erinnerung verließe, würde

ich sagen: mein Weg, ein langer Weg, führte von der Phase kindlicher Mystik über die Phase der ersten pubertären Auflehnung gegen die Zwänge der katholischen Kirche in Elternhaus, Schule, Internat, zur Ablehnung und Ablösung der Religion in christlicher Form, bis hin zur Gleichgültigkeit, und nach Jahren der Gottferne zu einer neuen Hinwendung zumindest zu religiösen, auch zu theologischen Fragen. Wie gut, daß ich meine Tagebücher und meinen Briefwechsel mit meiner Freundin Gertraud und den späteren mit dem Urbild des Doktor Stein aus »Mitte des Lebens« aufbewahrt habe. *So* wars nämlich nicht. Es war ganz bestürzend anders.

In meinem kleinen bunten Tagebuch, das verschließbar war und dessen Schlüsselchen ich verlor, so daß ichs gewaltsam öffnen mußte, viel später, da steht zwischen Bleistiftgekritzel, schwer leserlich, auf einer sonst leeren Seite mit Tinte in feierlich gemalter gotischer Druckschrift von mir, der Siebzehnjährigen, geschrieben:

Ich bin ein
Berg in Gott.

Das steht so da. Was bedeutet es? Was wollte ich damit sagen? Ich weiß es nicht. Ich schrieb bisweilen Worte auf, die ich nicht verstand.

In einem Brief an meine Freundin Gertraud schrieb ich als Sechzehnjährige: »Daß ich immer an Gott denke? Aber das ist wie alles bei mir viel zu irrational. Ich weiß nicht, was das für eine eigene Art des Wissens und Erlebens bei mir ist, bei der es mir vorkommt, als wenn alle eigenen Kräfte unbeteiligt wären, als ob ich ein einziges großes Auge wäre … ein Auge im Chaos …« Ganz sicher wußte ich damals noch nichts vom »Öffnen des Dritten Auges«, von dem im Buddhismus die Rede ist. Ich *sah* es eben so. An meine Freundin schrieb ich damals: »Wenn ich so etwas sage wie ›Auge im Chaos‹, dann *sehe* ich das so deutlich, daß ich es in einem musikalischen Akkord ausdrücken könnte oder in einem Gemälde, aber nur im Bruchteil einer Sekunde. Du: ist Mystizismus eine eigene Kraft des Menschen oder eine Seite des Bewußtseins oder eine Form der Phantasie? Ist Intuition eine Art Mystik oder umgekehrt oder? Draußen geht der Tauwind ... schwere klingende Wassertropfen fallen von den alten Bäumen durch die Nacht —- das ist so meine Sache ... Ich bin nicht traurig. Ich bin sogar oft mehr als ich. In solchen Augenblicken wäre es mir gleichgültig, den letzten leisen Schritt zwischen Sein und Werden – umgekehrt chronologisch – zu machen, da ist es nämlich von höchstgesteigertem Innenleben auf Erden bis zur letzten Konzentriertheit in der Auflösung zum Überirdischen nicht mehr weit ... Daß ich immer von mir schreibe, ist nicht schlimm. Schreibe ich überhaupt von mir? Ich schreibe ja von allem, in mir oder unbegrenzt, das ist schließlich gleich. Übrigens, wer schreibt denn jemals nicht von sich und wenn er nur den Satz schreibt: heute ist Sonntag, dann schreibt er eben sein Bewußtsein der Zeit ... Du bist mir jetzt nur ein Symbol des ›Außer-mir‹, dem sich mein In-mir ausschöpfen will – im Schöpfen wird es voller.« Von Einstein und der Relativitätslehre wußte ich damals bestimmt nichts, aber ich ahnte etwas von der Subjektivität und also Relativität persönlicher Erfahrung, und ich ahnte auch, daß die Erkenntnis von der Relativität aller Erkenntnisse dennoch die Wahrheit an sich nicht relativiert, so daß es überhaupt keine gültige Aussage über etwas geben könne. »Wenn ich von mir spreche«, erklärte ich, »spreche ich von *allem*«. Ich habe damals das Wort »allem« unterstrichen. Ich habe meine eigenen Erfahrungen einerseits als subjektiv erkannt, andrerseits dieser Subjek-

tivität die Fähigkeit zugeschrieben, Wahrheit auszusagen. Ich war damals in einer philosophisch spekulativen Phase. Ich schrieb im selben Brief an Gertraud: »Wer hatte je einen eigenen Gedanken? Sie sind alle da von Anbeginn. Das ist überhaupt merkwürdig: Ich *habe* einen Gedanken. Man denkt – woher stammt der Gedanke überhaupt? Sind das nicht wir selbst, die Gedanken, eine andre *Seins*-Form, Wesensform von uns – oder sind wir Schalen, in die von irgendwoher, von Gott vielleicht – das Licht kommt – auch der sündige Gedanke, der ja nur ein Gutes ist als Stachel, Anreiz der trägen Seele? ...«
Der mir so früh gekommene Gedanke der Sünden-Mystik, der felix culpa, hat mich immer beschäftigt, und er ist als Grund-Idee da in meinem Roman »Daniela«, den ich 1952 schrieb.

Aus: Den Wolf umarmen, S. 140-142, a.a.O.

Gott im Gefängnis

Habe ich in diesen Monaten an Gott gedacht? Habe ich ihn um Befreiung gebeten oder Trost bei ihm gesucht? Habe ich gebetet, er möge meine Kinder beschützen? Keineswegs. Gott war nicht anwesend in meinem Bewußtsein. Ich machte die Erfahrung, daß man ohne Gott, ohne metaphysische Kräfte und Hilfe, leben können muß. Ich war ganz auf mich selbst geworfen. Jetzt hol raus aus dir, was du hast! Jetzt zeig, wer du bist ohne alle Zuwendung von außen und oben!
Ich haderte nicht mit meinem Geschick und also nicht mit Gott. Ich war nur voller Wut auf die Nazis, die mir und Millionen andrer dieses Schicksal zugeworfen hatten, sinn-

loserweise. Ich war zur perfekten Marxistin geworden, die nichts von einem Gott, aber alles vom Menschen erwartet und die alles auf die eine Karte setzt: Veränderung der politischen Lage, Veränderung der Gesellschaft, Veränderung des Bewußtseins. Ich war reduziert auf einen Teil meiner selbst, auf den politischen Menschen.
Was war eigentlich geschehen mit meiner Religiosität? War sie einfach lautlos abgebröckelt in der Gefahr? War sie doch nur ein Überbau gewesen, der nicht standhielt im Notfall? War ich vielleicht gar kein religiöser Mensch, sondern ein politischer?
Gott tat von sich aus rein gar nichts, sich mir bemerkbar zu machen. Gab es ihn überhaupt? Brauchte ich ihn? Ich war stark genug, allein zu stehen. Es geht also ohne Gott. Man kann in der Wüste leben. Nur: als ich hernach erfuhr, wie es ist, *mit* Gott zu leben, erkannte ich, wie es ist, *ohne* ihn zu sein. Damals im Gefängnis hat Gott mich erprobt. Er schaute von ferne zu, wie ich mich hielt. Mir geschah nicht, was Sadat geschah, als er, Widerstandskämpfer gegen die englischen Kolonialherrn in Ägypten, eingesperrt war: da wurde ihm die Zelle plötzlich weit, und ein Licht war da und ließ ihn die Mauern vergessen: er erfuhr die geistige Befreiung. Und auch der indische Partisan Aurobindo, nachmals einer der großen religiösen Führer, erlebte seinen Gott Vishnu im englischen Kerker: eine Stimme sagte ihm, er sei frei, denn nichts könne ihm widerfahren, was nicht er, Gott, zulasse.
Mir kam nichts zu Hilfe. Nichts, außer meiner vitalen Kraft. Ich wurde zu einem kompakten Bündel Überlebenswillen.
Habe ich eigentlich mit meinem Tod gerechnet, als mir der Anwalt (oder wars der Untersuchungsrichter?) mitteilte, meine Sache sei zum Volksgerichtshof nach Berlin gegan-

gen, zu jenem berüchtigten Freisler, und das bedeute, daß mir keine Hoffnung blieb? Tod, oder was damals dasselbe war, KZ war mir sicher.
Ich glaubte nicht wirklich an meinen Tod. Ich rechnete mit der Zeit: wer würde das Rennen gewinnen, die Russen, die Amerikaner? Wer würde mich befreien? Aber natürlich, es konnte auch sein, daß der Volksgerichtshof gewann …

Aus: Den Wolf umarmen, S. 381-383, a.a.O.

Meine Gotteserfahrung

Im Neuen Testament, bei Matthäus 8, einen Satz gelesen, den ich schon oft las und den ich in den verschiedenen Stadien meiner Entwicklung verschieden interpretierte. Heute erschreckt er mich und tröstet mich. Der Trost überwiegt.
»Viele werden vom Aufgang und Niedergang kommen und mit Abraham, Isaak und Jakob im Himmelreich zu Tische sitzen. Die Kinder des Reiches aber werden hinausgeworfen in die Finsternis.«
Wer sind denn die ›Kinder des Reiches‹? Vorfrage: Was ist denn dieses Reich? Ist es denn die christliche Kirche? Sie ist es *auch, sie kann* es sein. Das Reich geht quer durch alle anderen Reiche, quer durch Kirchen und Nicht-Kirchen. Es ist das Reich des Geistes, und seine Kinder sind jene, die zur revolutionären Elite gehören, das heißt zu jenen, die schon dabei sind, das ›Himmelreich‹ vorwegzunehmen, indem sie sich nicht an die Erdenstoffwelt anpassen: nicht am Geld hängen, nicht von der Sexualität versklavt, nicht vom Ehrgeiz aufgerieben, nicht von Aggressionen brodelnd – kurz: ohne ›schwere Sünde‹ sind. (Man soll sich dieser alten

Worte immer wieder einmal neu annehmen.) Ich, die ich diese unsere Welt liebe, weiß sonderbar klar, daß sie – ich will nicht sagen, daß sie *nicht ist*, nein, so nicht, sondern: daß es eine Doppeltheit gibt. Ich will versuchen zu erklären: Ich sehe, was alle sehen, Häuser, Autos, Leute, aber das alles ist nur vorübergehender Ausdruck der wirklichen Wirklichkeit, nur zeitweilige Verstofflichung des Geistmaterials, sozusagen eine Vergröberung und Kompensierung des Geiststroms, der unablässig alles umfließt und alles durchdringt. Dies ist meine Gottes-Erfahrung.

Aus: Grenzübergänge, S. 62/63, a.a.O.

Ein unendlich Ferner und ein ganz Naher

Lieber spreche ich über Jochanan, der Jeschuas und mein Freund war. Seine und meine Gespräche waren Adlerflüge, wenn wir über Jeschuas Lehre redeten. Wir nannten diese Gespräche Denkspiele, doch waren sie viel mehr als das, nämlich unser Ringen um das Verständnis dessen, was Jeschua *Vater* nannte und was doch kein Vater war, wie Zeus Vater war, sondern reiner Geist. Für Jochanan, griechisch gebildet und griechisch denkend, war es schwer, seine Philosophie in Einklang zu bringen mit unsern jüdischen Vorstellungen vom Höchsten.
Für uns Juden war der Gott, wiewohl ungreifbar und unsichtbar und unendlich erhaben, dennoch nach Menschenmaß gemacht: er liebte und zürnte, belohnte, bestrafte, nahm und schenkte, erteilte Befehle, machte Verträge, schloß den Bund mit seinem Volk. Fast juristisch gings da zu: ich biete euch meine Treue und Hilfe, ihr gehorcht den Geboten, die ich euch durch Mosche gab. Er war *unser*

Gott. Ein jüdischer Gott. Zuerst ein Stammesgott der Ur-Einheimischen, dann, mit wachsender Erkenntnis der Weisen unsres Volkes, der Ein-Einzige, unfaßlich groß und dennoch eine Person, die man mit *Du* ansprach und mit der man reden, streiten, markten konnte. Ein unendlich Ferner und ein ganz Naher. Beides in Einem. Mit seinem richtigen Namen durften wir ihn nicht nennen. Er hatte viele Namen. Sie waren Namen für seine Eigenschaften, nicht für ihn.

Gleichviel: er war *da*, er war unser Vertragspartner, und er war unser Vater. Der Vater aller Väter und Urväter. Der über alles Maß mächtige Patriarch. Anders als so konnten wir ihn uns nicht vorstellen, denn wir lebten seit tausend Jahren unter der Herrschaft der Väter.

Nun aber Jochanan, er übersprang kühn das Nur-Jüdische. Viele Gespräche hatten wir darüber, Zwiegespräche in der Nacht, zeugenlos, selbst erschrocken über unsre Gedanken. Gott ist Geist, sagte Jochanan, und Geist ist dasselbe wie Liebe.

Oder, noch geheimnisvoller und kühner: Gott ist *das Wort*. Er sagte das in Griechisch, denn im Hebräischen fand er das treffende Wort nicht: logos.

Im Anfang war der logos. Gott selbst war der logos, und der logos wurde Fleisch und war der Sohn des Vaters und war das Licht für die Welt.

Daß am Anfang der logos war, das schien mir nicht unvertraut. Mein griechischer Freund hatte mir gesagt, daß, ehe etwas wurde, schon etwas da war: die Idee davon, und die Idee war geistig, und die Idee nahm Stoff an und wurde zur Ding-Wirklichkeit. Daß am Anfang allen Anfangs Einer war, in dem alle Ideen waren, auch das war mir einsichtig. Statt Idee logos. Statt Ding-Werdung Schöpfung. Aber dann die Sache mit dem Sohn. Vielleicht so: der Höchste, logos aller logoi, so sagte Jochanan, wollte ein Du. Jeder Vater will einen Sohn, jeder Mensch ein Gegenüber. Der Sohn war als Idee schon immer im Vater. Und eines Tages sprach der Vater das Wort aus, und aus dem Wort wurde der Sohn. Vielleicht so.

Ich nahms so wichtig nicht, vielmehr als Denkspiel. Aber die Sache ritzte tiefere Spuren in mir, als ich meinte. Wer war dieser Sohn?

Wenn der logos Materie annahm, so mußte das Wort vom Sohn ebenfalls als Erdenmaterie erscheinen. Es mußte menschlich werden. Ein Mensch wie wir.

Auch Jochanan quälte sich ab mit dieser Frage, obgleich wir beide nicht eigentlich verstanden, warum uns die Sache so wichtig wurde.

Hatten wir nichts anderes zu denken?

Eines Tages zeichnete Jochanan im Sand. Das hatte er dem Rabbi abgeschaut, der tat das oft. Was war es, das Jochanan zeichnete?

Ein Dreieck mit der Basis auf der Erde, und ein zweites, auf dem Kopf stehend, so daß seine Spitze, abwärtszielend, genau auf die Spitze des unteren, aufrecht stehenden Dreiecks traf.

Jochanan deutete auf den Punkt, an dem beide Spitzen sich trafen: Da steht *Er*. Dies hier oben ist der göttliche Bereich, dies unten der menschliche. Keine Trennung, doch verschiedene Reiche. *Er* ist die Brücke. *Er* gehört beiden Bereichen an. Gottes-Sohn, Menschen-Sohn. Der logos, der den oberen Bereich in den untern einbringt. Eines Tages werden beide Bereiche sich decken, und das wird dann das Friedensreich sein, das Reich des Geistes.

Und dieser *Er*, meinst du, sei unser Rabbi Jeschua?

Aus: Mirjam, S. 75-77, a.a.O.

Wo ist das Kind, das du einmal warst?

Mir ging die Rede vom Kindsein noch am nächsten Tag im Kopf herum, und schließlich fragte ich Jeschua selbst und sagte ihm unsre Rätsellösungen.
Sag mir die deine, Rabbi!
Beantworte du mir eine Frage: wo ist das Kind, das du einmal warst, Mirjam?
Daraus bin ich geworden. Das ist in mir. Das war ich und bin ich und werde ich immer sein.
Was ist denn das, was war und bleibt?
Nun eben: ich.
Was ist das? Weißt du es nicht? So frage ich dich anders: Woher kommt das, was du Ich nennst?
Von meinen Eltern und Ureltern.
Falsch. Von denen kommt die Gestalt, in der dein Ich erscheint auf dieser Erde. Dein Ich, und jedes Ich ist älter als alle Ahnen. Es ist so alt wie das Urlicht. Du bist ein Funke aus diesem Licht. Der Mensch ist Licht vom Licht, Geist vom Geist, Kind des Ewigen.
Aber hast du nicht gesagt, man muß Kind *werden*? Jetzt sagst du, man *ist* Kind von jeher.
Was man ist, das muß man werden. Das göttliche Kind muß immer neu geboren werden. Unaufhörlich geschieht göttliche Geburt.
Rabbi, du gibst dem Menschen einen hohen Rang. Warum aber ist der Mensch so ungöttlich klein und böse?
Sein Rang wird ihm nicht genommen werden, solange das göttliche Kind in ihm nach dem Vater schreit.
Kinder schreien nach der Mutter, Rabbi!
Der Ewige ist Vater und Mutter.
Und wenn der Mensch den Schrei des göttlichen Kindes erstickt?

Göttliches ist unsterblich. Mirjam: immer wieder denkst du in Jahren und Jahrhunderten. Göttliches wird mit anderm Maß gemessen, und alles kommt zum Ziel. Ein jedes Kind findet heim. Lies du nach beim Propheten Jeschajahu. Da steht: Vom Nichts seid ihr. Doch da steht auch: Ihr seid Götter. Versuch, das zu begreifen, Mirjam.

Aus: Mirjam, S. 160-162, a.a.O.

Warum soll der Höchste ein Mann sein?

Ich stellte ihn [Jochanan] zur Rede.
Was weißt du von der Geburt Jeschuas?
Nichts.
Heraus mit der Sprache!
Nun gut: die Astrologen hatten berechnet, daß zu einem bestimmten Zeitpunkt eine ganz ungewöhnliche Constellation am Himmel war: eine Conjunction von Jupiter und Saturn.
Was bedeutet das?
Jupiter ist der Königsstern.
Und Saturn?
Einem jeden Volk ist ein Planet zugeordnet. Der Stern Jisraels ist der Saturn.
Das hieße also, daß in Jisraels Mitte ein König geboren wird, mit dem es eine besondere Bewandtnis hat. Und wo ist nun dieser König, bitte? Wir haben nur einen, den Herodes, und der ist miserabel.
Da ging Jochanan weg, als hätte ich ihn beleidigt.
Ich aber dachte, was mir nie zuvor zu denken eingefallen war und worüber ich selbst erschrak wie über eine Lästerung: warum, so dachte ich, nahmen die Astrologen mit

aller Selbstverständlichkeit an, das vorhergesagte Kind sei ein männliches? Warum muß der Messias ein Mann sein? Warum soll der Höchste ein Mann sein? Freilich: niemand sagte das so, denn niemand konnte über den Höchsten etwas aussagen, das galt. Aber stellte sich auch nur ein einziger Jude vor, dieser ewige *Er* konnte eine Frau sein? Selbst mir kam das lächerlich vor. Keine Frau, das nicht, aber auch kein Mann. Das Unnennbare, das *Alles* war: Mann und Frau.

Aber der Messias: konnte er keine Frau sein? Gab es nicht große Frauen in unserm Volk, Prophetinnen, Weise, Heilige, und auch solche, welche das Geschick ihres Volkes lenkten: Jaël, Esther, Jehudit. Und waren Frauen nicht besser geeignet, Frieden zu stiften und Leben zu hüten?

Jochanan, warum gilt der Mann mehr als die Frau, warum diese stillschweigende Abmachung, der Höchste sei ein Mann?

Weil der Geist männlich ist.

Du Narr. Als ob der Geist, wenngleich männlich, an den Mann gebunden wäre!

Diesmal war ich es, die beleidigt wegging.

Mir gings mit Jochanan jetzt so, wie es Schimon mit ihm ging. Wenn er bisweilen Zeuge eines unsrer Gespräche war, eines der harmloseren auch nur, schüttelte er den Kopf: Daß ihr immer so hoch oben herumfliegt! Wer kann das verstehen. Wozu soll das gut sein. Und überhaupt dieses Fragen, wer der Rabbi ist. Wer soll er denn sein. Er ist er. Lieben muß man ihn, dann weiß man, wer er ist.

Dieser Schimon. Er war so einfach. Ein Fischer, der nichts wußte, als was er in der Synagoge gehört hatte, und darüber dachte er nicht nach, das nahm er hin. Aber als

Jeschua den Finger bog und sagte: Komm! da ließ er alles liegen und stehen, das Boot und das Netz, und zu seiner Frau sagte er: Warte auf mich, ich habe etwas Wichtiges vor. Sie wartete. Später verließ auch sie ihr Haus und zog mit Schimon nach Jeruschalajim, und dann weiter, bis nach Rom. Ob sie noch seinen Tod miterlebt hat, weiß ich nicht, doch habe ich sichere Nachricht, daß man Schimon kreuzigte, dem Meister gleich, und doch nicht: nämlich mit dem Kopf nach unten. Ich kann mir denken, wie willig und selbstverständlich er das hinnahm. Immer war er bereit gewesen, sich vom Felsen zu stürzen, freilich, so sagten wir untereinander, in der Hoffnung, der Rabbi hielte ihn zu guter Letzt am Mantelzipfel fest und wäre zufrieden mit dem guten Willen, wie es dem Höchsten genügte, daß Avraham bereit war, seinen Sohn Jizchak zu opfern, und mehr war nicht gewollt. Ja'akov erzählte mir, Schimon habe den Rabbi nach seinem Tod und seiner Wiederkehr aus dem Totenreich auf dem Wasser des Sees gehen sehen wie auf festem Boden. Da sei auch er aus dem Boot gesprungen und auf den Rabbi zugelaufen in der Meinung, der habe ihn gerufen, aber auf halbem Weg habe ihn der blinde Mut verlassen und er sank. Gerade noch, daß der Rabbi ihn herausziehen konnte. Schimon schämte sich sehr. Ob die Geschichte wahr ist, weiß ich nicht, vermutlich hat sie einer von uns erfunden. Aber sie zeigt, wie Schimon war: ein Kind, sehr liebenswert in seinem demütigen Eifer.

Einmal fragte ich ihn: Du bist doch verheiratet, hast Familie und Verantwortung. Wie konntest du einfach weglaufen? Und der Rabbi, wie konnte der das wollen? Wenn das jeder täte!

Es war eben so. Er sagte komm, und ich kam. Und du, du hast es doch auch getan!

Ich bin eine Unabhängige, das ist ein Unterschied, oder? Er senkte den Kopf und ließ ihn hängen. Man durfte ihn nichts fragen. Antworten wußte er nicht. Er selber war die Antwort auf solche Fragen.

Aus: Mirjam, S. 80-83, a.a.O.

Ist man frei zu wählen?

Du hast von Gott gesprochen. Was weißt du von Gott?
Nichts, denn man kann nichts über ihn wissen, nicht einmal, was er nicht ist. Erkennbar wäre er nur von jemand, der außerhalb seiner wäre. Nun ist aber niemand außerhalb seiner. Wer könnte ihn also erkennen.
Du willst sagen, daß weder Philosophie noch Theologie taugen, Gott zu erkennen?
Ich schwieg.
Er sagte: Wozu studierst du Philosophie und Theologie, wenn du sie für untauglich hältst, Gott zu erkennen?
Ich hab nicht gesagt, daß diese Fächer nicht zur Erkenntnis verhelfen. Man lernt durch sie das Denken. Man lernt in der Astronomie etwas über die Sonne, aber wenn ich sie anschaue, bin ich geblendet und sehe nur Dunkelheit.
Für dich ist Gott also das Licht?
Das ist ein Bild, ich finde kein anderes. Ich könnte auch sagen, er ist die Dunkelheit.
Abaelard schaute mich an, daß mir Angst wurde. Dann sagte er: Du weißt etwas von Platon und von Aristoteles. Aber du bist, das weißt du nicht, ein Anhänger des Mystikers Dionysius Areopagita. Hast du von ihm gehört?
Nein, nie.

Noch eine letzte Frage: Was denkst du über die Willensfreiheit? Ist man frei, zu wählen zwischen Gut und Böse? Darauf wußte ich nichts zu sagen, und Abaelard stand brüsk auf.

Warte morgen nach der Vorlesung auf mich.

Hatte ich das Examen bestanden oder nicht? Ich blieb verstört zurück. War das überhaupt ein Examen gewesen? Von allem, was ich so eifrig gelernt hatte, wollte dieser seltsame Professor nichts wissen. Und er hatte nicht einmal nach dem gefragt, was doch sein Steckenpferd war, sein Streitroß vielmehr: die Trinität und die Stellung des Paraklet, des Heiligen Geistes, in dieser Trinität. Ich war darauf vorbereitet gewesen. Nun konnte ich's vergessen. So dachte ich. Es kam anders. Dieses Wort »Paraklet« wurde zum Messer, mit welchem das Schicksal immer wieder auf mich einstach. Vater, Sohn, ja, und der Paraklet. Der Name für das Kloster, in dem meine Mutter Nonne ist. Die andre Trinität: Abaelard, Pierre Astrolabius, Heloise. Das schiefe, blasphemische Bild bleibt mir eingebrannt.

Damals, nach dem Examen, verfolgte mich Abaelards Blick über Monate. Wie er mich immer wieder angestarrt und dann den Kopf mit einem Ruck abgewandt hatte, als wollte er mich nicht mehr sehen oder auch als hörte er plötzlich etwas, das ihn erschreckte und ablenkte oder auch abrief zu einer andern Tätigkeit. Er war nervös. Das war er immer, aber dieses Mal war er's auf besondere Art.

Und wie war mir? Fühlte ich denn nichts Besonderes? Schlug mein Herz nicht heftiger? Ahnte ich nichts? Gar nichts. Ich war streng konzentriert auf das Examen, von dem ich nicht wußte, ob ich es bestanden hatte oder nicht. Die Kommilitonen erwarteten mich. Sie wollten wissen, wonach ich gefragt worden war. Ich sagte: Über den Streit der Nominalisten und Universalisten, und über die Trinität, natürlich.

Hast du bestanden?

Ich weiß es nicht.

Aus: Abaelards Liebe, S.57-59, a.a.O.

Man wirft sich in den Strom

Ich drehe das Radio an, und, per Zufall (Zufall?) höre ich gerade den Anfang des letzten Satzes der Neunten von Beethoven. Ich mag den Chor gar nicht, schon will ich abdrehen, da höre ich doch noch das Solo: »Brüder, überm Sternenzelt muß ein lieber Vater wohnen ...«, und der Chor antwortet: »... *muß* ein lieber Vater wohnen ...« Ich sehe die Volksmassen stehen und zum Himmel aufblicken, wo dieser »liebe Vater wohnt«. Unendlich rührend ist dieser Chor. Und dann das Quartett »Freude ...« Plötzlicher Einfall: wenn wir Menschen aufhören könnten, uns Gott als »lieben Vater« vorzustellen, wäre das große Problem gelöst, wie denn dieser liebe Vater das Leid zulasse auf unsrer Erde. Ist Gott gut, ist er böse, ist er gütig, ist er grausam? Nicht das eine, nicht das andre. Nichts von allem, was wir ihm zuschreiben, trifft zu, als das eine: *Er ist, der er ist.*

Geborgenheit in Gott gibt es nur so: Man wirft sich in den Strom und läßt sich tragen. Er trägt! Ist der Strom gut, ist er böse? Genug: er *ist*, und er *trägt.*

Und das Böse auf Erden? Das tun *wir.* Und das Leiden? Das verursachen *wir.*

Wann werden wir endlich mündig? Ja aber, warum, warum

können wir schuldig werden? Warum? Weil wir frei sind. Aber *müssen* wir schuldig werden? Wir werden es eben. Wir werden schuldig dann, wenn wir den Gott in uns nicht wirken lassen.
»Brüder, *unterm* Sternenzelt müssen viele liebe Väter, viele gute Mütter wohnen.«

Aus: Kriegsspielzeug, S. 257/258, a.a.O.

Die Quelle meines Lebens

Die eigentliche Quelle meines Lebens ist das Gebet.
Was ist das eigentlich? Was meine ich damit? Ich meine einfach das Gespräch mit Gott. Nicht nur das Sprechen oder Denken von Gebeten, nicht nur das An-sprechen des verborgenen Gottes, eines schweigenden Gottes, sondern ich wage zu meinen den echten, wirklichen Dialog zwischen Gott und Mensch. Aber gibt es das denn? [...]
Es ist eine durchaus grundsätzlich allen Menschen offenstehende Erfahrung, daß man in der Not betend plötzlich sich getröstet fühlt: wortlose Antwort Gottes; wortlose Mitteilung der Wahrheit, daß Gott uns hört und Anteil nimmt an unserer Not. Bisweilen aber bedient sich Gott unserer eigenen Kräfte, um mit uns zu sprechen. Wir haben unseren Verstand, um uns selbst zu trösten, zu belehren, zu führen; wir haben unsere schöpferische Phantasie, um uns Rettendes nicht nur vorzustellen, sondern zu schaffen. Doch darum zu sagen, Gottes Antwort sei also nur eine Projektion unserer eigenen Kräfte, ist dennoch falsch, denn unsere Kräfte bedürfen des Anstoßes und eines Inhalts, der anderen, höheren Ursprungs ist. Wer gewöhnt ist, unreflex, doch aufmerksam zu achten auf die Weise

seines Gebets und der im Gebet kommenden Antwort, der wird finden, daß viele dieser Antworten sein eigenes bewußtes Wissen sprengen und als Neues, Größeres, bisher Unbekanntes sich zeigen. Man mag sagen, dann stammten sie eben aus dem Unbewußten; so ist dann eben dieses Unbewußte Träger der Mitteilung Gottes. Nenne man es, wie man wolle: Jeder von uns macht die Erfahrung, daß zumindest bisweilen, in entscheidenden Lagen, eine »Stimme« zu ihm spricht, die er als fremd und doch urvertraut erlebt und die er bittend beschwören kann, weiter und ein anderes Mal wieder zu reden. Diese Art von Gespräch mit dem Gott ist auch den nicht-christlichen Religionen bekannt. In Homers »Odyssee« spricht Athene, leibhaft unter den Menschen wandelnd, mit dem Helden, ihm ratend und helfend. Im Alten Testament offenbart sich Jahwe, aus der Wolke und aus dem Dornbusch sprechend, seinem Volk helfend, es richtend, ihm Gesetze gebend. Wenn jene, die wir »Mystiker« nennen, behaupten, Gott habe im Gespräch dies oder jenes gesagt, so ist das buchstäblich zu verstehen, ob nun das von Gott Gesagte wirklich in hörbare Worte sich kleidet oder in Bilder oder gestaltlos bleibt und auch so auf geheimnisvolle Weise als Mitteilung verstanden wird. Damit habe ich aber nun berührt, was ich eigentlich das Gespräch zwischen Gott und Mensch nenne: das Zusammenfallen von Rede und Gegenrede, von Frage und Antwort im Gebet. Wenn wir im Gebet nichts Bestimmtes mehr erbitten, sondern einfach da-seiend auf Gott hören, dann ist der Mensch die Rede, Gott die Antwort, und ebenso ist Gott die Rede und der Mensch die Antwort, und diese Art von Gebet gleicht dem schweigenden, erfüllten Beieinander- und Ineinander-Sein von Liebenden. Der Geliebte ist Frage und Antwort, so wie sein Partner ihm Frage und Antwort ist. Dieses intensive schweigende Gespräch der Liebenden ist ihnen alles; es ist Trost, Aufruf, Dank, Hingabe, Erfüllung schlechthin. Darüber wäre vieles und viel zu sagen, doch genug davon. Wer mit Gott solcherart ins Gespräch kommen will, muß hörend und antwortend erst ins Gespräch mit dem Menschen kommen. Auf den Menschen hören heißt: ihn anhören, wenn er klagt; ihm antworten, wenn er fragt; ihn annehmen, wenn er sich verlassen und verloren glaubt; ihn gerade in seiner Eigenart, seiner Schwäche, vielleicht seiner Verzweiflung annehmen, um ihn dann frei wieder sich selbst zu geben. Das aber heißt lieben. Wir können uns drehen, wohin wir wollen: Immer stoßen wir auf das Wort Liebe. Und so kann ich denn, zusammenfassend, auf die Frage nach der Quelle, aus der ich lebe, sagen: Es ist die hoffende, gläubige Liebe, nicht mehr und nicht weniger als sie.

Aus: An den Frieden glauben, S. 311 u. 313/314, a.a.O.

… zu glauben, daß Geborgenheit ist

Du ganz Verborgener, wunderst du dich nicht über uns, daß wir dir vertrauen, daß wir dich ertragen, daß wir dir vergeben, wenn du unsere Bitten überhörst, und hast doch gesagt: »Alles wird euch gegeben, worum ihr bittet«; und daß wir dir deine Allmacht verzeihen, die du vor uns verleugnest, und daß wir dir noch danken für deine Schläge, und daß wir uns rührend bemühen, dir zu gefallen, während du uns, winzig wie wir sind, nicht einmal bemerkst, wer weiß denn, ob du jeden einzelnen von uns … ja, ich weiß schon: kein Haar vom Haupt ungezählt, kein Sperling ungekannt, das ist poetisch; ist es auch wahr? Gib doch zu, daß du ganz Ungeheuerliches verlangst von uns: zu glauben, daß Licht ist, wo doch Finsternis ist; zu glauben, daß Liebe ist, wo eins das andre frißt; Geborgenheit, wo nur Verlassenheit ist. Wunderst du dich nicht, daß wir das leisten: zu leben?

Aus: Septembertag, S. 127, a.a.O.

Ich habe Teil an der Schuld aller

Ein Tag vorüber, es wird Abend, wo ist die Ernte? Früher, da versuchte ich, abends mein Gewissen zu durchforschen nach dem Bösen und auch nach dem Guten, das ich getan hatte tagsüber, aber jetzt, nein, jetzt nicht mehr, jetzt brauche ich nicht mehr zu suchen; das Böse, das weiß ich genau genug, ich bin ein Mensch, das imperfekte Geschöpf, und hätte ich keine Schuld auf mich geladen, so habe ich immer noch Teil an der Schuld aller, Amen. Tat ich Gutes? In den jüdischen Legenden des Baalschem steht dieses: ein Frommer rechnet des Abends mit sich ab, so viele Sünden, soviel Gutes, Herr, sieh, ich tat einiges Gute, dieses und das; der Engel, der die himmlische Buchführung macht, hört sich das an, schreibt es auf, und dann, als der Mann fertig ist mit der Kontoaufstellung, da reißt der Engel die Haben-Seite heraus, zerknüllt sie, wirft sie weg, weit hinaus, da fällt sie ins Nichts.

Aus: Septembertag, S. 140, a.a.O.

Ich habe Ihn gesucht

Ich habe diesen Gott geliebt, ich habe Ihn bewußtlos und glühend geliebt als Kind; ich habe Ihn widerstrebend geliebt jahrzehntelang, ich habe Ihn geliebt, ohne daß Er mich Seine Gegenwart je fühlen ließ, Er hat mich mir selber überlassen, Er hat zugesehen, wie ich litt und nicht zugrunde ging, weil ich nicht wollte; ich habe in den letzten Jahren unaufhörlich nach Ihm gesucht, ich habe Ihn außerhalb und innerhalb der Kirche gesucht, ich habe, ohne jemals davon zu sprechen, alle Martern dieser Ehe ertragen, weil ich glaubte, Er wollte das; ich war Ihm näher als selbst Sie ahnen konnten. Aber Er hat mich nicht angesehen, Er will nicht, daß wir leben, Er zerstört mir den Geliebten, Er hat mein Kind getötet, Er wird mich selbst zerstören.

Aus: Abenteuer der Tugend, S. 148, a.a.O.

In einer Perle spiegeln sich alle

Die Erkenntnis-Frucht dieser Jahre. Das *Nu*; der Augenblick. Es gibt nichts als ihn! Er reicht un-endlich weit in die Höhe, Tiefe, Breite, Länge. In ihm ist alles: Zeit und Raum.

Ich fand ein Bild aus dem Buddhismus: es gibt ein himmlisches Netz aus vielen Perlen, die so aufgehängt sind, daß man in jeder Perle alle andern gespiegelt sieht. Das ist es.

Seit Jahren »weiß« ich es. Jetzt erst habe ich es begriffen. Seit Jahren kenne ich Augenblicke des absoluten Eins-Seins mit dem Universum. Jetzt erst begreife ich, was die neue Atomphysik sagt: Der Unterschied zwischen Beobachter und dem beobachteten Objekt fällt weg, beides fällt zusammen.

Das Zusammenfallen der Dualitäten, der Widersprüche: »coincidentia oppositorum«: das war der Satz, den ich als Sechzehnjährige bei unserm Philosophie-Professor hörte; er fiel als ein Blitz in mich, und das Feuer, das er zündete, erlosch niemals. Das Wieder-Aufflammen kam später, als ich mich mit dem Taoismus einließ: es gibt keine Gegensätze, sondern nur Polaritäten. Ein Magnet ist ein einziger, er hat aber zwei verschieden geladene Pole. Aber als *Einer*! Und das andre: in *einer* Perle spiegeln sich *Alle*. Die Dinge im Makrokosmos sind *eins* mit denen im Mikrokosmos. Wenn ich's nur allen mit-teilen könnte, daß sie mein Erkenntnisglück teilten!

Aus: Wachsender Mond, S. 221, a.a.O.

Grenzenlose Liebe zum Leben

Aufstiegschancen. Ein Sonnenstrahl, der durch eine Spalte meines Fensterladens fällt, zeigt mir Tausende tanzender Staubkörnchen. Wären meine Augen hundertmal schärfer, sähe ich Millionen noch winzigerer Gebilde. Die Luft ist voll von ihnen. Ich lebe mit ihnen in immerwährender engster Gemeinschaft. Ich frage mich: bewegen sie sich nur mechanisch, weil Wärme- und Kälteströmungen sie treffen, oder bewegen sie sich aus eigener Kraft und weil es sie freut? Mir scheint, sie tanzen. Ich schaue ihnen lange zu. Sie bewegen sich rhythmisch. Sie bewegen sich vermutlich nach demselben Rhythmus, nach dem die Sterne sich bewegen. Es ist der universale Rhythmus des Lebens. Könnte ich das Universum so sehen, wie ich diesen Son-

nenstrahl sehe, so sähe ich vermutlich den Sternentanz. Könnte ich ins Innere eines Atoms schauen, sähe ich den Neutronentanz.
Je länger ich zuschaue, desto stärker wird mein Gefühl, daß diese eben noch für mein Auge sichtbaren Teilchen der Materie *leben*. Es gibt nichts Totes. Es gibt aber Übergangsformen innerhalb des Lebensstromes. Unendlich viele Übergangsstufen vom Bakterium, vom Virus, von den unvorstellbaren Winzigkeiten bis zum Einzeller, zur Pflanze, zum Tier, zum Menschen, zum Gott. Das Wort »Stufen« schrieb ich so hin, ohne zu bedenken, daß ich damit behaupte, das Leben mache Sprünge. Es gleitet nicht, es springt. Was ich vor langer Zeit zuerst bei Teilhard de Chardin las, das *sehe* ich jetzt plötzlich: diese tanzenden Winzigkeiten, die ja vergleichsweise riesig sind, da ich sie sehen kann, haben die Tendenz zum Sprung in sich. Der élan vital verleiht ihnen die Spannung, die zum Sprung auf die nächst höhere Seinsstufe nötig ist. Was da also in meinem Sonnenstrahl tanzt, das ist Leben, und zwar höherdrängendes Leben. Wie lange wird es dauern, bis einige dieser Stäubchen sich zusammenschließen zu einer organisierten Zelle? Wie lange, bis daraus eine Pflanze wird? Wie lange, bis daraus ein Tier wird, ein Mensch? Wie lange, bis aus einem Menschen ein Gott wird, wie es im Evangelium steht? Ich schaue meine Staubwinzigkeiten mit Ehrfurcht an: in ihnen drängt das Leben zum Aufstieg in den göttlichen Bereich. Um mich herum also geschieht unendlich viel, unendlich Großes, es geschieht die Vorbereitung zum Quantensprung. Mich erfaßt eine grenzenlose Liebe zum Leben.

Mystik und Todeserfahrung

Ob ich mystische Erfahrungen habe?

Hätte ich sie, würde ich nicht darüber reden. Aber Erfahrungen, die mich ahnen lassen, was Mystik ist, ja, das wohl. Ich hatte sie als Kind, etwa beim Anschauen der unverhüllten Monstranz, die mir als pures Licht erschien. Da verging mir sozusagen Sehen und Hören im Schauen. Ich war nicht fromm erzogen, obwohl mein Vater tief fromm war. Man ließ mich einfach in die Kirche, in den katholischen Kult, hineinwachsen. Aber es gab für mich, ganz unbeeinflußt, dort etwas anderes, das darüber hinausging. In der Seitenkapelle unserer Kirche in Übersee am Chiemsee stand eine überlebensgroße Figur aus Gips: eine Herz-Jesu-Statue.

Die Augen dieses Mannes schauten mich an. Eine *Angel* war ausgeworfen, ein Köder hing daran: das aus der Brust gerissene Herz. Ich erwiderte den Blick. Bisweilen suchten mich meine Eltern. Wenn ich Schritte hörte, löste sich der Bann, und ich war nur eben zufällig gerade in dieser Kapelle. Ich hätte sagen können: »Wußtet Ihr nicht, daß ich in dem sein muß, was meines Vaters ist?« Ich habe freilich nicht »Vater« gesagt, dieses Herz, dieser Jesus war mein Bruder, mein Zwillingsbruder, mein eigenes Herz, mein Geliebter. Alles. Wie lange ich dort kniete, weiß ich nicht. Die Zeit stand still.

Wäre ich damals in die Hände frommer Nonnen gefallen, hätten sie eine Profi-Heilige aus mir gemacht. Gott sei Dank fiel ich in un-heilige Hände.

Später beschränkte sich meine Mystik darauf, daß ich plötzlich, auch inmitten andrer Leute, oder beim Anblick eines Baches oder Steins oder was auch immer, wie vom Blitz getroffen stehen bleibe und weiß: Ich *bin*. Das heißt gleichzeitig: Ich weiß, wie *Es ist*. Solche Zustände dauern kurz. Genau gesagt: ich weiß nicht, wie lang sie dauern. Ich hatte einmal in Südkorea ein Gespräch mit einem buddhistischen Abt. Mir schien, es habe lang gedauert. Tatsächlich hatten wir länger als eine halbe Stunde geschwiegen. Dann fiel das erste Wort. Inzwischen war der Mond aufgegangen, und zum Abschied gab mir der Abt ein Mantra, ein Losungswort. »All is nothing«. Ich brauchte viele Jahre, um es wirklich zu begreifen. Alles und Nichts – es ist dasselbe.

Heilige. Ob ich Heilige kenne?
Nun, diejenigen, die man eben kennt. Mein Lieblingsheiliger ist Franziskus von Assisi. Über ihn habe ich ja ein Buch geschrieben. Ich schrieb es für junge Menschen und die lesen es wirklich. Seit nun vierzehn Jahren wird es gelesen und gelesen. Es beunruhigt viele junge Menschen, denn Franziskus lehrt den Vorrang des Seins vor dem Haben. Viele schreiben mir, sie möchten so leben wie Franz: mit nichts; in der heiligen Armut. Aber es geht ihnen meist wie dem reichen Jüngling im Evangelium, der Jesus befragt, was er denn tun müsse, um ihm nachzufolgen. Jesus sagte: »Schenke alles her, was du hast.« Das konnte der Jüngling nicht, und, so heißt es, er ging traurig fort. Aber schon dies, daß mein Buch junge Leute traurig und unruhig macht, ist eine positive Wirkung. Ich kenne einige heiligmäßige Leute, oh doch. Einer lebt in meiner nächsten Nähe. Es ist mein Hausmeister. Er war früher Mitglied der italienischen kommunistischen Partei. Er hat eine tiefe Beziehung zur Natur. Als mein Hund starb, trug er ihn weinend ins Grab. Ich wollte eine Steinplatte über das Grab

legen. Attilio aber sagte: Nein, lassen wir doch Gras und Blumen aus ihm wachsen.
Genau so selbstverständlich glaubt er an das Fortleben des Menschen nach dem Tod. Der Tod, das ist Verwandlung. Attilio, der stets Hilfsbereite, der nie Dank erwartet. Ein einfacher Bauernsohn aus den Abruzzen, er ist weise und voller Liebe ohne Worte. Wenn ich ihm sagen würde, er sei ein Heiliger, nähme ers für einen Scherz. Einige meiner Freunde und Freundinnen sind wohl auch »Heilige«: Menschen, die ohne große Worte sich unauffällig, in den Dienst andrer stellen. Für so jemand wie mich, für Künstler, ist es schwierig, heilig zu werden im üblichen Sinne, denn ein Künstler ist notwendig egozentrisch bis egoistisch; seine Kunst frißt alles andre unbarmherzig auf – den Künstler selbst inbegriffen.

Erstveröffentlichung aus einem Gespräch 1992, a.a.O.

Kein Leben ohne Tod

Ich hatte nie Angst vor ihm und keine Angst vor Toten. Das ist erstaunlich, denn die ersten Toten, die ich sah, waren erschreckend und schon im Zustand der Verwesung. Jedes Frühjahr bei der Schneeschmelze schwoll unsre kleine, damals noch dammlose Tiroler Ache zu einem reißenden Fluß an, der seine Opfer mit sich führte: Hühnerställe mit ertrunkenen Hühnern, Balken, entwurzelte Bäume, Hausdächer, tote Katzen, tote Kühe, tote Menschen. Das alles trieb dem Chiemsee zu und verschwand in der Weitsee-Bucht. Monate später gab der See seine Frühlingsopfer wieder. Man brachte die Ertrunkenen ins Feuerhaus zur Leichenbeschau und Autopsie. Das Feuerwehrhaus war ins

Schulhaus eingebaut. Uns Kindern war es streng verboten, bei den Autopsien zuzuschauen. Wir kletterten auf einen Holzstoß, von dem aus man durch ein vergittertes Fenster gerade auf die Leiche schauen konnte. Bisweilen entdeckte uns da niemand. Wir waren lautlos wie Katzen und gierig wie Marder, wir schauten und schauten. Einmal, unvergeßlich, lag da eine Frau mit langem schwarzen Haar und aufgetriebenem Leib. Die hat ein Kind im Bauch, sagte eines von uns. Aber der Leib war nur vom Wasser aufgetrieben. Und einmal lag da eine junge »Sommerfrischlerin«, die sich umgebracht hatte. Sie wurde in einem Zinksarg fortgebracht. »Zinksarg« blieb ein Horrorwort für mich, und mehr noch »Bleisarg« und »Bleikammer«; auch »Eisen« und »Stahl« mag ich nicht hören. Diese Metalle sind für mich mit dem Tod, mit dem Krieg, mit dem Saturn, mit meinem Vater verbunden. Wenn meine Mutter abends zu einem Ratsch zum Hauptlehrer Schäfer ging, blieb sie oft sehr lange dort. Das ärgerte meinen Vater. Sie mußte abends zu Hause sein wie ich auch. Bisweilen schickte er mich, das Kind, sieben, acht Jahre alt, nachts zu den Schäfers. Der Weg führte über den Friedhof. Manchmal war da ein Grab frisch aufgegraben und die alten grauen Knochen lagen herum. Ein Leichenhaus gab es noch nicht. Ich ging tapfer durch die Dunkelheit an den offenen Gräbern und den Knochen vorbei, um die Mutter zu holen. Warum ging der Vater nicht selbst? Warum schickte er sein kleines Mädchen durchs Dunkle, durchs Totenreich? Ich weiß es nicht.

Bei den Schäfers lag einmal im untern Korridor eine Leiche, deren sich die Vicki und die Schäfer Theo schaudernd erinnerten, als wir uns 1979, mehr als ein halbes Jahrhundert später, durch puren Zufall auf dem Überseer Friedhof trafen. Eine alte Frau mit Wassersucht. Es war August, sehr heiß.

Schon am zweiten Tag zersetzte sich die Leiche, sie löste sich in gelbes Wasser auf und stank entsetzlich. Wir Kinder standen an der Tür, unter der das gelbe Wasser hervorquoll, und waren fasziniert.

Damals blieben die an Krankheit Verstorbenen drei Tage im Haus, in der besten Kammer aufgebahrt zwischen Blumen und Kerzen, vor dem Bett ein Tischchen mit dem Kreuz und einem Schüsselchen voll Weihwasser und einem Buchsbaumzweiglein, mit dem man Weihwasser auf den Toten sprengte. Nie blieb der Tote allein. Immer war die Leichenfrau da, die wachte und dabei ihre Brotzeit aß und ihren Kaffee trank, auch wenn die Leiche stank und die Fliegen vom Gesicht der Leiche aufs Honigbrot flogen. Und immer waren Leute da, von der Familie und aus der Nachbarschaft, die auf dem Holzboden knieten und den Rosenkranz, den »schmerzhaften«, beteten. Gegrüßtseistdumaria ... der für uns gegeißelt worden ist ... heilige Mariamuttergottes bittfüruns jetztundinderstundeunseresabsterbensamen. Wie Bienengesumm war das, wie Wasserrauschen. Der Tote war geborgen. Oft starb man in dem Bett, in dem man geboren war. Anfang und Ende ineinandergebogen. Selbstverständlich. Das war eben so und es war recht so. Man war ja auch meist so müde nach dem langen harten Bauernleben. Man faltete die gichtigen, schwieligen Hände so gern. Und man ging *heim*. Beim Leichenschmaus gings dann hoch her, da feierte man das Leben. Von daher kommt mein ungestörtes Verhältnis zum Tod. Er ist gut. Er ist nötig. Er gehört zum Leben.

Eines der heitersten Gastmähler meines Lebens war der »Leichenschmaus« mit den Verwandten, den Rinsers und den Sailers, nach der Beerdigung meiner Mutter. So hatte sie es sich gewünscht. Nur keine Trauer, nur keine Abgründe, keine Tragödie. Ich konnte sie sagen hören: Eßt und trinkt und freut euch, daß ihr lebt.

Als ich viel viel später mich mit der chinesischen Philosophie einließ, war mirs sofort klar, daß der Tod nicht das Nein zum Leben war, nicht der absolute Gegensatz und feindliche Widerspruch, sondern der andre Pol: kein Leben ohne Tod.

Ein Bauernkind, ein auf dem Bauernhof großgewordenes Kind, weiß das aus unmittelbarer Erfahrung: wenn das Korn nicht in der Erde stirbt, gibts kein Getreide und kein Brot. Aus den verfaulten Kartoffeln wachsen die neuen Kartoffelpflanzen. Aus der Raupe kommt der Schmetterling. Und aus dem Grab, aus dem verfaulten Menschenfleisch, wachsen Blumen.

Schöne, hilfreiche, wahre Erfahrungen.

Aus: Den Wolf umarmen, S. 124-127, a.a.O.

Die gläsernen Ringe

Man ging über einen Hof zwischen Kloster und Kirche, dann kam man zu den Fischteichen. Manchmal saß ich an einer Stelle, wo Steinstufen in einen der Teiche führten und wo aus einem Rohr helles Wasser quoll, ein dicker Strahl mit beinah glatter, glasiger Oberfläche. Es war mir seltsam, daß Wasser eine selbständige Gestalt annehmen kann. Meist ging ich an den Teichen vorüber bis zu einer Terrasse, die von einer hohen Mauer umgeben, aber gegen den Himmel offen war. Manchmal gab mir der Großonkel den mächtigen altmodisch geschwungenen Schlüssel zu dem alten hölzernen Tor. Wenn ich eingetreten war und das Tor hinter mir zugefallen war, befand ich mich in einem

Raume, der, obwohl kein Dach ihn deckte, durchaus als Halle wirkte. An einer Seite waren drei bedeckte Wasserbecken. Darin waren die ›Heiligen Quellen‹, die, nach einer alten Legende, ein dürstender wandernder Heiliger, ein Glaubensbote, einst aus dem Stein geschlagen hatte und denen man eine gewisse Heilkraft zuschrieb. In der Mitte der Halle war ein offenes Wasserbecken. Dies war es, was ich liebte, dieses Wasser und der Geruch der Halle. Welch ein Geruch! Nicht der verwirrende Atem der Buschwildnis, nicht die süßen und nicht die kräftigen Gerüche der Gärten. Es war ein duftloser, inhaltloser Geruch. Hier war nur Stein und Wasser, auch dieses Wasser, diese Steine rochen nicht. Das Wasser stand in einem scharf abgrenzenden gemauerten Becken. Es war ein Wasser von äußerster Klarheit. So wie der Geruch hier ohne Duft war, so war das Wasser ohne Farbe. Es duldete keine mehr als flüchtige Färbung, es war das reine Wasser schlechthin. Es stand und bewegte sich nicht. Ich empfand den Raum um die ›Heiligen Quellen‹ als eine Art von Kirche. Meist saß ich still versunken auf dem Rande des Beckens, schaute in das reine Wasser und hatte gute friedliche Gedanken.
Aber auch dieser Ort konnte mich nicht beschützen vor mir selbst. Eines Tages überfiel mich die Versuchung: die Stille des Wassers, die überlegene Unbewegtheit erschien mir aufreizend. Ich schleuderte einen kleinen Stein in die Mitte des Wasserspiegels. Ein Ring entstand, ein zweiter, dritter; aus jedem Ringe löste sich ein neuer. Die Ringe liefen lautlos gegen den Rand des Beckens; gläsern glitten sie über die Oberfläche, stießen sachte an der Ufermauer ab, schwammen wieder der Mitte zu; die kommenden und die gehenden Ringe überschnitten sich, bildeten klare, wunderbare Muster, durchsichtig, rein, nach strengen Gesetzen, von den Farben des Regenbogens begleitet. Ich

vergaß beim Anblick der Schönheit meine böse Absicht. Ich holte Blumen und Blätter und ließ sie auf den Spiegel fallen, ich sah Ringe kommen und gehen. Bald aber sah ich, daß die Ringe nur auf der Oberfläche hinglitten. Der Teich selbst spürte nichts davon, er erlaubte mir dies Oberflächenspiel, er selbst lag unbewegt, unverletzt, er entzog sich meiner Macht. Nun warf ich einen großen Ziegelstein in die Beckenmitte. Heftige Wellen eilten über das Wasser, Tropfen spritzten hoch auf; der Stein versank. Das Wasser stand unbewegt.
Da warf ich mich auf die Ummauerung und weinte. Der Quell hatte mich überwunden. Von diesem Tage an blieb es lange ein Schmerz für mich, zu den ›Heiligen Quellen‹ zu gehen. Allmählich aber verlor sich das peinigende und heilsame Gefühl der Scham, und ich begann das Wasser erneut zu lieben. Ich spielte noch oft das Spiel mit kleinen Steinen und Blüten, aber nie mehr um zu zerstören, sondern um etwas zu erforschen. Ich wußte nicht, was es war; ich wußte nur, daß es mir unendlich kostbar war. Viele Jahre später noch suchten mich Träume heim, in denen das kindliche Spiel mit den gläsernen Ringen wiederkehrte und mich auf geheimnisvolle Weise belehrte und tröstete. Es war ein Zauberspiel und mein Geheimnis, es war Gesetz, Maß, Ordnung, es war Musik und war nicht weiter zu erklären, und seine Macht war stärker als das wirre Lied der unbewußten Erde.

Aus: Die gläsernen Ringe, S. 62-64, a.a.O.

Es war der Ton der Stille

Ich stand am Rande der Wiese. Es war an einem Mittag im hohen Sommer. Ich stand und sah, wie das Gras sich neigte; großflächige silberne Wellen schlichen darüber hin, kaum merklich, gleichmäßig wie Atemzüge eines Schlafenden. Mir war, als ob die Wiese träumte und im Traum sich regte. Ich begann durch das hohe welkduftende Gras zu waten. Diese Wiese war weit, kein Weg durchschnitt sie, kein Baum mit einem kleinen Schattenkreis unterbrach sie. Bangigkeit befiel mich; fremdes Wesen lag in der Luft. Um mich zu feien, schloß ich die Augen, und also blind schritt ich tiefer und tiefer in das Unbekannte hinein. Aber da nun meine Augen keine Gefahr zu sehen vermochten, lauerten meine Ohren um so schärfer auf jeden Laut. Ich vernahm nichts als das Knistern der Halme, die von meinen Füßen geknickt und von meinen Armen zur Seite gedrängt wurden. Die Hitze kochte über dem welkenden Gras. Nun hörte ich nicht mehr ein Geräusch, sondern einen Ton wie von einer Bratsche. Es war der Ton der Stille.

Eine mir völlig neue Empfindung befiel mich, die gleichzeitig Angst, Andacht, Lust und Grauen umschloß, einander widersprechende Gefühle, die einen Augenblick lang es vermochten, sich die Waage zu halten und einen Zustand leidenschaftlichen Glücks zu schaffen, in dem ich schwebte. Da verschob sich blitzschnell das Gleichgewicht, und ich verlor mich in einem Wirbel von Angst: Angst vor dem Mittag, vor der unendlichen Wölbung des dunkelblauen Himmels, vor der starrenden Stille. In einem Dunstkreis stand die rote Sonne. Furchtbar war die Macht des Mittags über die Erde. Nach einer Weile, deren Dauer zu messen ich nicht imstande war, durchbrach ein zaghafter Laut den

Bann: ein Vogel erwachte. Er gab das Signal zum Erwachen der Wiese. Schmetterlinge flogen auf, Bienen kamen und ließen sich auf dem roten Klee nieder.
Ich atmete wieder, ich fühlte mich begnadigt und entlassen.

Aus: Die gläsernen Ringe, S. 48-50, a.a.O.

Musik-Ekstasen

Es scheint, als habe ich damals genau unterschieden zwischen hellen und dunklen Leidenschaften, göttlichen und dämonischen Räuschen, erlaubten und unerlaubten Ekstasen. Mein Weltbild war dualistisch wie das einer Manichäerin: Hie Geist, hie Materie. Hier die Heiligen Quellen, dort der Orchideentümpel. Hier »ich«, dort das Waldmädchen und der Zigeunerknabe. Jahrzehnte brauchte ich, um zu begreifen: die Welt ist *eine* und als *eine* ist sie göttlich. Heute kann ich sogar Wagners Musik ertragen. Als Kind vom Vater in den »Ring« und in »Tristan« mitgenommen, hörte ich in Verteidigungshaltung zu. Ich wehrte mich gegen diese Todesräusche, diese finstern Ekstasen, den Sog nach unten. Ich kannte andre Musik-Ekstasen, Beethovens Neunte, Bruckners Siebte, den »Don Giovanni«, Chopins vierundzwanzig »Préludes«. Das aber waren erlaubte und helle. Mein Ohr war an Bach geschult und an Mozart. Solange ich in München war und nicht mehr im Heim »Maria Treu« gefangen, ging ich jede Woche dreimal ins Konzert. Es gab die eintrittfreie öffentliche Hauptprobe am Sonntagvormittag für die klassischen Konzerte im »Odeon«, das zerbombt ist, nur der Odeonsplatz erinnert daran. Das eigentliche Konzert war am Montagabend, die Reihe dirigierte Knappertsbusch, ein wenig grob, aber mit Schwung.

Am Freitagabend ging ich in die »Tonhalle« an der Türkenstraße. Auch sie ist zerbombt. Da gab es Klavier- und Violinkonzerte. Ich konnte mir nur einen Stehplatz leisten, der war billig auf Schüler- und Studentenausweis. Man mußte nur lange an der Kasse anstehen. Viele Erkältungen habe ich mir da geholt im Freien vor dem Gebäude, ehe die Kasse geöffnet wurde. So ein Konzertbesuch war ein heiliges Opfer, erhungert, erstanden, erlaufen, oft hatte ich nicht das Geld für die Straßenbahn, also lief ich die weiten Strecken zu Fuß, bei jedem Wetter und nachts. Eine tiefe Leidenschaft für Musik trieb mich.
Auch Wagner, die Schattenseite, gehört dazu, wenngleich ich ihn unerträglich fand. Die Wagnerfeindlichkeit ist mir geblieben. Dagegen half nicht, daß mein Kapellmeister-Ehemann Horst Günther Schnell (der auch kein Wagnerianer war) mir erklärte, wie großartig die Instrumentierung sei und der Gesamtaufbau. Es half auch nicht, daß mein Komponisten-Ehemann Carl Orff (auch er kein Wagnerianer) mir die Idee des »Gesamtkunstwerks« erklärte, von der er selbst inspiriert war. Auch die schönsten Bayreuther Aufführungen, die ich mit ihm zusammen hörte, ließen mich unbekehrt. Bayreuth bestärkte mich vielmehr in meiner anhaltenden Ablehnung Wagners: es war einmal der heilige Tempel der Nazis, Hitler liebte Wagner, und Wagners Schwiegertochter Winifred liebte Hitler und hätte ihn ums Haar geheiratet, sagte man, hätten nicht die Söhne Wieland und Wolfgang gedroht, Bayreuth zu verlassen, es gab schon Skandale genug dort, das Rheingold brachte den Wagners kein Glück.

Aus: Den Wolf umarmen, S. 89-91, a.a.O.

Von der Todesangst zur Gefaßtheit

21. Dezember 1944

Heute sind plötzlich Gefangene entlassen worden, darunter alle, die mit Ausländern Liebschaften hatten. Wieso? Ist unsere Gegenoffensive zurückgeschlagen? Große Aufregung im Gefängnis. Jede wartet auf ihre Entlassung. Ich auch. Spät am Abend kam mein Anwalt und ließ mich rufen. Ich stürmte zu ihm. Nichts. Er meinte, das Gesuch sei abgelehnt worden, sonst wäre es heute mit den anderen Freilassungen gekommen.

Gut – feiern wir Weihnachten im Gefängnis. Das Weihnachtspaket ist auch schon da. Von K. ein Buch, von Ma ein Kuchen, dazu Plätzchen, Äpfel, Nüsse, ein Tannenzweig mit Kerze. Ich hatte es mittags geöffnet, am Abend war die Hälfte der Plätzchen und Äpfel bereits gestohlen. Ach, mir ist alles gleichgültig. Alles.

Etwa zehn Minuten später. Wir haben heute sehr lange Licht. In den Minuten, die hinter mir liegen, bin ich einen weiten Weg gegangen von wilder Verzweiflung und heftiger Todesangst bis zur Gefaßtheit. Warum eigentlich bin ich so verzweifelt gewesen? Vor allem, weil ich mich vor dem Weihnachtsabend fürchtete. Ich dachte an die Kinder. Aber das ist eine Sentimentalität. Die Kinder werden Weihnachten ohne mich feiern. Viele Kinder müssen ohne Vater und Mutter feiern. Und warum hatte ich Angst vor dem Tod? Ich bin noch nicht verurteilt. Und wenn auch. Einen Augenblick lang empfand ich eine tiefe Erleichterung bei dem Gedanken an den Tod. Ich glaube, ich werde nun das ertragen können, was mir bestimmt ist.

Aus: Gefängnistagebuch, S. 118, a.a.O.

Dein aschenes Haar Sulamith

Ich habe einen polnischen »Reiseführer«, anhand dessen der Fremde sich schöne Ausflüge aussuchen kann. [...] Unter anderem also Oswiecim – *Auschwitz.* Eine Wort-Collage, die einen Text ergibt. Er ist von Sophokles und heißt: »Ungeheuer ist viel. Doch nichts/ Ungeheuerer als der Mensch.« Denn er vergißt. Zweieinhalb Jahrzehnte lang war mir Auschwitz gegenwärtig, aber es war mir kein geographischer Ort und auch nicht eigentlich ein historisches Datum, es lag vielmehr auf einer metaphysischen Landkarte und bezeichnete »das Böse«.

Jetzt sehe ich einen ganz gewöhnlichen Wegweiser, auf dem steht: Auschwitz. Aber zum Bösen kann man doch nicht hinfahren auf einer gewöhnlichen Straße in einem gewöhnlichen Auto. Die Ebenen verschieben sich mir. Ich bekomme Herzschmerzen, Magenweh, der Hals wird mir eng. Ich will nicht weiterfahren, bitte nicht. Aber ich bin ja schon in Auschwitz, immer bin ich schon da. Ich rede mir gut zu: »Was regst du dich denn auf, du hast ja längst den Film gesehen, den die Russen oder Amerikaner machten gleich nach der Befreiung, du weißt das doch alles, und du selber warst ja Opfer, nicht Täter ...« Ja schon. Ich als Individuum war nicht schuld an Auschwitz, aber ich bin ja auch Teil eines Volkes, Teil der Menschheit, die das tat oder zuließ, die hinschaute oder wegsah, gleichviel. Immer bin ich mit im Spiel. Mein kleines Böses war insgeheim beteiligt am großen Bösen namens Auschwitz. »Ich begehre nicht schuldig dran zu sein.« Ja, aber ›Kollektivschuld‹ ist keine moralische und keine politische Qualität, sondern eine anthropologische und eine theologische. Das denke ich nicht während der Fahrt, das *fühle* ich. Ich fühle es als Scham. Ich schäme mich meines Volks, ich schäme mich des Menschen. Noch ehe ich in Auschwitz bin, bin ich schon verzweifelt. Was nachher kommt, ist leichter zu ertragen, weil die örtliche Wirklichkeit ablenkt. Sie erzeugt eine andere Reaktion – die des kalten Befremdens: ›so‹ also ist das, ›so‹ war das, so bürokratisch, so funktionell, so nüchtern. Dafür scheint das Wort ›böse‹ nicht zu passen. Hernach weiß ich, daß es für nichts anderes paßt. Wir haben es bis Auschwitz falsch angewendet. Die Hölle ist kalt und funktionell.

Wir fahren in den Ort ein. Der Bahnhof. Ein Bahnhof wie tausend andere. Es dürfte ihn nicht mehr geben, weil es ihn nie hätte geben dürfen. Hier kamen Züge an aus allen Himmelsrichtungen. Auschwitz lag sehr praktisch. Im Lager gibt es eine Landkarte, die zeigt, *wie* praktisch: von allen für die Aktion wichtigen Punkten Europas lag es gleich weit entfernt. Die Landkarte zeigt Auschwitz wie die Spinne im Netz. Aus dem Norden kamen Polen und Juden. Aus dem Süden Ukrainer, Zigeuner und Juden. Aus dem Westen Kommunisten, Homosexuelle und Juden. Aus dem Osten Russen und Juden.

Männer, Frauen, Kinder. Viele Kinder.

Die Leute kamen mit allerlei Hausrat an. Man hatte ihnen (wie barmherzig man doch war) gesagt, daß man sie umsiedle, sie fänden anderswo Arbeit und eine neue Heimat. Manche haben es geglaubt. Ihr Hausrat hat alle überlebt: Haufen von zerbeulten Blechtöpfen, rostigem Eßgeschirr, Kindernachttöpfen.

Vom Bahnhof aus zogen die Leute ins Lager ein. Da ging es korrekt zu: erst wurde jeder registriert wie auf dem Standesamt und der Polizei, dann fotografiert, von vorn, im Profil von links, von rechts. Die Registratur überlebte. An den Korridorwänden hängen unzählige Fotos samt Daten: Geburtstag, Ankunft im Lager, Sterbetag. Zwischen

Ankunft und Sterbetag lagen bisweilen ein paar Monate, nicht mehr, meist nur ein paar Wochen.

Gesellschaft wird immer strukturiert, auch die aus der Gesellschaft gefallene Gesellschaft von Auschwitz. Es gab nicht nur die Hierarchie der Mörder, sondern auch die der Opfer. Die unterste Stufe der Mörder war zugleich die oberste der Opfer: die Häftlinge konnten Kapo werden und als solche quälen und töten helfen. Das brachte bisweilen einigen für einige Zeit einige Vorteile. In Wirklichkeit war es die schrecklichste, die zynischste, die das Opfer am tiefsten entwürdigende Art des Mordes: Juden, zum Kapo befördert, mußten helfen, Juden in die Gaskammer zu treiben, ihre Leichen in die Öfen zu schieben, die Asche wegzuschaffen. Bis sie selber vergast wurden, wobei andere Juden zuschauen und helfen mußten, bis auch sie ... und so fort.

Die Vernichtung ging rationell vor sich: antreten zum Appell, Auswahl derer, die nicht mehr arbeitsfähig waren, auskleiden, hinein in den ›Duschraum‹, Türen hermetisch zu, von außen Gashähne auf, nach einer bestimmten Zeit Türen auf, Leichen heraus, auf Fließband gelegt, in den Verbrennungsofen, der Ofen auf die nötige Temperatur gebracht, Nachschub bis Vorrat aufgebraucht, Asche erkalten lassen, wegfahren.

Das Sterben war das Schlimmste nicht. Es gab Ärgeres: die Strafzellen. Ein Kämmerchen, so niedrig, daß man nur kauern konnte, und so eng, daß vier Leute aneinandergepreßt kauern mußten, und eintreten mußten sie durch eine Öffnung am Boden, ein Hundetürchen. Wer da hineinkriechen mußte, tat es, von Stiefelstößen befördert. Luft erhielten die Zellen durch ein kleines Loch in der Wand. Man erstickte nicht ganz, nur fast.

Es gab auch das normale Schreckliche: die Schlafpritschen ohne Decken unterm löcherigen Dach, durch das es regnete.

Von unten kamen die Ratten. Oft lagen Leichen zwischen den Schlafenden, das rochen die Ratten.
Auschwitz ist von den Deutschen in aller Hast zerstört worden, als die Alliierten ankamen. Es gelang nicht mehr ganz. Was stehenblieb, ist heute Museum. [...] Saubergefegte Straßen, saubergeputzte Zellen und Schlafpritschen, hinter sauberen Glasscheiben sauber aufgehäuft das zerbeulte Koch- und Eßgeschirr, die Kindernachttöpfe, die Schuhe, die Kinderschühchen, die glaslosen Stahlbrillen, das abgeschnittene Frauenhaar, blond, schwarz, rot, braun, grau, viel grau.
»Das ist nur der Rest«, sagt der Führer. »Die Haare kamen nach Bayern, in eine Textilfabrik bei Ingolstadt, da machte man Steifleinen draus.«
Damals trugen wir in Deutschland Leichenhaar unter unsern Mantelkragen, wir wuschen uns mit Seife aus Leichenfett, hatten Lampenschirme aus Menschenhaut und trugen Schmuck aus den ausgeschlagenen Goldzähnen der Leichen.
Hernach fahren B. und ich hinüber nach Birkenau. Liebliches Wort: Birken-Au. Eine Sumpflandschaft, weithin, niedrig darüber ein Bleihimmel ohne Sonne. Ein schwüler Nachmittag. Bahngeleise, die irgendwo enden zwischen Brennesseln und Weidengebüsch. Das Gebüsch wächst auf zerborstenen Ziegeln und gesprengtem Zement. Hier war die Laderampe, hier wurden die Ankommenden sogleich in die Todesbaracken und die Gaskammern und Öfen gebracht. Einige Baracken stehen noch längs der endlosen Straße. Ich gehe mit B. auf ihr bis zum Mahnmal. Ich war in Jerusalem, ich bin auf der Via Crucis gegangen, auf der Jesus ging, das Kreuz tragend. Hier ist er tausendmal gegangen.
Es ist ganz still. Es gibt da nur einen einzigen Laut, der nicht aufhört, ein dumpfes kurzes u-u-u-u-u- ... Er kommt

aus dem Boden, aus einem Schilftümpel, aber aus welchem? Es gibt viele hier. Ich beuge mich über einen, er ist so sonderbar grau. B. gibt mir einen Stecken. »Stochern Sie hinein!« Ich tu es. Da steigt Graues auf, ganz leicht, schwimmt eine Weile, geht langsam wieder auf Grund. »Dein aschenes Haar Sulamith.« Die Asche der Vergasten und Verbrannten. Man füllte die Sümpfe damit auf. Ich lasse den Stecken entsetzt fallen. Das u-u-u- geht weiter. Eine Unke irgendwo. Sie wird nie aufhören zu rufen.
Auf meinem Schreibtisch liegt ein Stück Ziegelstein, es stammt vom Krematorium Birkenau.

Aus: Grenzübergänge, S. 21-25, a.a.O.

Ich verlasse die Erde gerne

Liebe Nina, Du wirst das Datum nicht beachten: es sind heute genau achtzehn Jahre, daß wir uns zum erstenmal trafen. Länger wird unsere Freundschaft auf Erden nicht dauern. Ich werde Dich nie wiedersehen. Ich bin unheilbar krank, Krebs, und ich werde mir die Freiheit nehmen, dieses Leben unauffällig zu beenden, ehe es mich mit den unfairen Waffen unerträglicher Schmerzen besiegt. Du wirst das verstehen und achten, auch wenn Du es nicht billigen kannst. [...]
Sofern es eine Möglichkeit gibt, nach dem Sterben eine Lebensschuld abzutragen, werde ich sie abtragen. Meine Lebensschuld ist es, den Entscheidungen aus dem Wege gegangen zu sein. Ich frage mich jetzt, ob es Feigheit war. Ich glaube es nicht. Es war vielleicht Schwäche. Aber wie kann ein Mensch sich zu Entscheidungen zwingen, wenn sein Bewußtsein ihn unaufhörlich zur Vorsicht mahnt, ihn

alle Für und Wider jeder Tat unendliche Male abzuwägen heißt, ihn so der naiven Stoßkraft beraubend und der Melancholie des Wissens überliefernd? Selbst im Angesicht des Todes weiß ich keine Antwort auf diese Frage.
Ich verlasse die Erde gerne, ich habe sie längst verlassen, und dennoch verspüre ich einen Rest von Trauer bei dem Gedanken, Dich nie wiederzusehen.
Heute gegen Morgen werde ich den ersten wirklichen Entschluß meines Lebens fassen, und selbst ihn nur unter dem Diktat unerträglicher Schmerzen. Wie schwer ist es zu sterben, wenn man nicht gelebt hat. Leb wohl, leb wohl. –

Die Spur eines Lächelns

Nur einige Zeilen als Ergänzung zu meinem Telegramm. Es war ein Unfall, unerklärlich und geheimnisvoll. Wir schauten uns das Haus an, das uns ein Freund von C. für das kommende Jahr zur Verfügung gestellt hatte. M. war entzückt. Wir gingen durch den Garten, die Sonne schien fast hell wie im Frühling, der Platz vor dem Häuschen glänzte, M. öffnete das Gartentor und ging hinaus, ganz ruhig und glücklich, doch warum er hinausging, werden wir nie mehr erfahren, einige Augenblicke später war er tot. Ein Auto war auf der abschüssigen Straße, die in den Platz vor dem Haus einmündet, ins Schleudern geraten, es erfaßte M., er stürzte, er hatte keine äußere Verletzung. Als ich ihn fand, war in seinem Gesicht noch die Spur von einem Lächeln, er starb mit diesem Lächeln.

Er wird heute nach M. überführt, ich fahre mit dem gleichen Zug, ich werde in M. bleiben, darum soll er dort begraben sein. Wer aber wird ihn begraben? Keine Kirche wird ihn als den ihren kennen. Er war nicht getauft, seine Mutter war Jüdin, so wird er denn auf dem jüdischen Friedhof am ehesten zu Hause sein.
Beten Sie für ihn, für diese heimatlose Seele, die, ich wage es zu glauben, in letzter Stunde noch einen Schimmer jenes Lichts hat sehen dürfen, das ihm so lange verborgen war.

Aus: Abenteuer der Tugend, S. 209/210, a.a.O.

Die verhüllte Madonna

Tschenstochau. Wallfahrtsort wie eh und je, vielleicht mehr denn je. [...] Es ist schon ein schlagender Anachronismus, dieses polnische Lourdes inmitten eines Landes, das zumindest in der Staatsführung marxistisch ist. [...] Die Kirche samt Kloster war immer Schutzfestung. An die Kirche angebaut eine Terrasse. Von hier aus spricht der große Kardinal zu seinem Volk, Wyszynski, der Gegenspieler Gomulkas, sein Freund-Feind. B. sagt: »Seine Plattform ist viel größer als die des Staatschefs.« Er hätte sagen sollen: »Seine Wirkung ist viel größer ...«
Auf dem Kirchvorplatz sind, im Freien, viele Beichtstühle aufgestellt. Hier drängen sich die Wallfahrer. Die Kirche ist ganz voll. Lauter Bauern und Arbeiter, Männer und Frauen, Junge und Alte. Es ist halb zwölf. Der Bischof von Breslau zelebriert die Messe, mit ihm kamen die Breslauer Theologiestudenten. Das Volk kniet. Meine Begleiter verhalten sich unterschiedlich. Teresa, Journalistin, modern bis

ins Mark, registriert kühl, ohne Ab- und ohne Zuneigung. Ein einheimischer Intellektueller steht unnatürlich steif da, gewappnet gegen den Einfluß des Orts, der sicher seine Kindheit bestimmt hat. Einmal ertappe ich ihn dabei, wie er ein Kreuz schlägt, vielleicht tut er's ganz automatisch, weil's alle tun und weil er's früher tat. B., ehemaliger Jesuitenschüler, ist unruhig, er strebt fort, als drohe ihm hier Gefahr, aber er bleibt doch, und sein Blick kehrt immer wieder zur Madonna zurück, vielleicht hat er Heimweh, aber der uralte Strom, der auch durch ihn fließt, ist tief unter die Erde verwiesen und überlagert von der Pflicht zu marxistischem Denken und zumindest indifferentem Verhalten an so einem Ort. Ich darf denken, was ich will, und lasse mich faszinieren.

Schlag zwölf (die Messe, wohlberechnet in der Länge, ist soeben zu Ende, aber der Bischof steht noch am Altar) tritt eine Stille ein, die etwas ankündigt. Alle Blicke sind auf den Altar gerichtet, auf das Bild der Schwarzen Madonna. Man hält den Atem an. Ganz, ganz langsam beginnt der goldene Vorhang von oben über das Bild herabzurollen. Zögernd werden nacheinander Haar, Stirn, Antlitz, Hals, Brust der Madonna den Blicken entzogen. Dieses Verhüllen hat magische Wirkung: das Bild selbst entzieht sich, die Madonna tritt, nach gewährter Audienz, zurück ins unzugängliche Geheimnis, in die Wolken. Es ist das Sich-Entziehen einer Göttin. Ein Sich-Entfernen mit barmherziger Langsamkeit: sie gibt eine letzte und noch eine und eine allerletzte Gelegenheit zu Bitte und Gewährung. Als sei die Madonna nach der Verhüllung nicht mehr erreichbar, sammelt das Volk seine Gebetskraft zu einem letzten Ansturm. Nützt die Gelegenheit, strengt euch aufs alleräußerste an, betet bis zum Zerreißen, gleich ist die Stunde der Gnade vorüber …

Jetzt ist das Bild verhüllt. Noch ist der Raum aufgeladen. Langsam löst sich die Spannung. Leise Traurigkeit überzieht die Gesichter: man hat nicht stark genug gebetet, man ist selber schuld, wenn das Gebet nicht erhört wird ... Macht nichts, ein andermal kommt man wieder, die Madonna kommt auch wieder, sie läßt ihr polnisches Volk nicht im Stich. *Niemals.* Tschenstochau wirkt auf mich viel stärker als Lourdes. Das machen die Umstände.

Aus: Grenzübergänge, S. 19-21, a.a.O.

Wie offene Tore

Maria bog um die nächste Ecke und wollte dort die schweren Taschen für einen Augenblick abstellen. Aber mitten im Bücken hielt sie inne und vergaß, was sie hatte tun wollen. Sie sah nämlich etwas, was sie noch nie gesehen hatte: im Schaufenster eines Metzgerladens spiegelten sich die Blumen eines gegenüberliegenden Verkaufsstandes zwischen den aufgehängten Kaninchen mit starren Läufen und glasigen Augen und einem Lämmchen, schon abgehäutet, weiß und nackt und augenlos. Als Maria bemerkte, daß auch sie sich zwischen den toten Tieren und den eigentlich auch schon toten Blumen im Fenster spiegelte, fühlte sie einen Schmerz. Es war ein ganz bestimmter Schmerz, sie kannte ihn schon aus ihrer Kinderzeit. Immer, wenn sie ihn fühlte, drängte es sie, zu sagen: Ich bin schuld, ohne daß sie hätte sagen können, wieso und woran sie schuldig sei. Sie wäre jetzt gerne weitergegangen, aber etwas hielt sie. Und auf einmal sah sie, wie im Fenster etwas zu geschehen anfing: die Blumen und die Tiere bewegten sich. Vielleicht waren es vorüberziehende Wolken, die eine

Bewegung spiegelten. Es war ungefähr so, wie wenn man ein Kaleidoskop schüttelt und die bunten Glassplitter immer neue Muster bilden. Maria schaute und schaute, und auf einmal blieb ein Muster ruhig stehen: es war Gott. Er war zusammengesetzt aus vielen Blumen und Tieren und ihr selber. Gott hatte große Augen. Es waren Menschenaugen und auch Tieraugen, und sie waren auch wie das Innere von Margeriten und Sonnenblumen, auch wie Querschnitte von Baumstämmen, die ihre Jahresringe zeigen. Sie waren auch wie offene Tore, durch die man eintreten konnte, ohne zu wissen, wie das enden würde. Maria trat ein und sie ging und ging und sah dabei immer die Augen vor sich, als wäre sie noch gar nicht eingetreten. Sie wünschte sich nichts, als immer so weiterzugehen.
Auf einmal stieß jemand sie an, sie erschrak und ließ ihre beiden Taschen fallen. Das Gemüse rollte über das Pflaster. Jemand sagte laut: Jetzt stehen Sie schon eine Stunde so da, was ist mit Ihnen, sind Sie verrückt?
Maria kehrte von weit her zurück. Sie begann ihr Gemüse einzusammeln. Als sie noch einmal einen Blick auf das Spiegelfenster warf, sah sie, wie Gott sich wieder in Blumen und Tiere und sie selbst zurückzuverwandeln begann. Dann ging sie heim.

Aus: Wie in einem Spiegel, in: Geschichten aus der Löwengrube, S. 73-75, (c) 1986 by S. Fischer Verlag, Frankfurt am Main

Gott sucht uns

Das ist's, was in der geglückten Meditation geschieht: man erfährt, daß Gott *ist* und für uns *da* ist.
Bei der Beschäftigung mit der islamischen Religion fand ich eine sehr schöne Geschichte: Ein Mensch rief immerzu »O Gott«. Da kam Satan und verhöhnte ihn: »Du schreist, aber du wirst nie eine Antwort hören.« Der Beter ging verstört nach Hause. In der Nacht darauf träumte er, was er in folgenden Versen aufschrieb:

> Ich habe Gott gesucht und fand ihn nicht.
> Ich schrie empor und bettelte um Licht.
> Da, als ich weinend fortging
> Faßt' etwas sanft nach meiner Schulter:
> ich habe dich gesucht und bin bei dir.
> So hörte ich, und Gott ist mit mir heimgegangen.

Diese Lehrgeschichte sagt: Nicht wir suchen Gott, er sucht uns. Oder vielmehr: wir suchen uns. Der Gott-in-uns sucht den Gott-über-uns, weil der Gott-über-uns nach uns ruft. Der wahre Sinn des Gebets ist die Herstellung des Stromkreises Mensch-Gott-Mensch.
In der Geschichte wird gesagt, Gott habe die Schulter des Beters sanft berührt. Das ist eine ganz reale Beobachtung, die intensive Beter machen: sie fühlen beim Beten mit einem Mal eine eigentümliche Wärme, so als sei jemand neben sie getreten. Manche haben auch die Empfindung von einem Licht, das sie mit innerem Auge oder mit der Haut wahrnehmen. Die derlei erleben, sind nicht etwa Hysteriker oder Phantasten, sondern nüchterne Leute, die solche Erlebnisse nicht suchen und ihnen auch keine große Bedeutung beilegen; ihnen ist wichtiger, daß

sie hernach um so stärker lieben und für andre dasein können.
Das ist die echte Wirkung des Gebets: die stärkere Liebe und die klarere Erkenntnis von der Einheit aller Menschen.

Aus: Mit wem reden, S. 109/110, a.a.O.

Eingehen ins Licht

»Eingehen«. Nun ist mein scheinbar krankes Orangenbäumchen doch nicht eingegangen. Eingegangen. Eingehen. Pflanzen können eingehen. Wohin? Heim, in die Große Mutter Natur. Was für eine Tiefe hat dies von uns so gedankenlos gebrauchte Wort.
In Todesanzeigen von Firmen steht oft: »Wir bedauern den Heimgang unseres Mitarbeiters ...« Heimgang. Heim. Wo ist dieses Heim? Was stellen sich die Leute unter diesem Wort vor? Tiere gehen ein, Menschen gehen heim.
Als mein Hund Vanno eingeschläfert werden mußte, tröstete mich Ingeborg: »Wein nicht; er ist jetzt beim Großen Hund.«
Eingehen, Wieder-Eingehen ins Ganze. In die Natur, in die Tierheit, in die Ur-Pflanze (anders vielleicht, als Goethe es meinte). Und der Mensch? Eingehen ins Licht, aus dem er hervorging. Der ewige Kreislauf. Auf- und untergehende Sonne. Heimkehr, Wiederkehr, erneute Heimkehr, erneute Wiederkehr. Warum Tränen?

Aus: Wir Heimatlosen. 1989-1992, S. 63, a.a.O.

Es gibt nur Verwandlung

Es gibt kein Zu-Nichts-Werden von etwas, das ist. Es gibt nur Verwandlung vom Leben in Tod, von Tod in Leben. Auch tote Sterne sind nicht Nichts, sondern Etwas, und jedes Etwas hat die Tendenz zur Wandlung; ein toter Planet beginnt eines Tages wieder zu leben. (Sagen die Astrophysiker.) Ja, aber wir Menschen, wo sind wir inzwischen? Tot, nicht-tot auf dem toten, nicht-toten Stern? Ich stelle mir das anders vor und habe gute Gründe dafür, die widerlegbar sind, was mich aber nicht davon abbringt, zu wissen, was ich weiß.

Nämlich: »Im Anfang war das Wort«; der logos, die Fülle des Seins und also die Fülle des Seienden. Noch gab es keine Materie, sondern nur »Geist«, und der Geist war die Schöpferkraft; nicht aus dem Nichts schuf der Schöpfer, sondern aus der Fülle (was dasselbe ist). Die Fülle enthielt die Ideen aller Formen, in denen sich der Geist manifestieren kann. »Und Gott sprach: es werde … Es werde Licht, es werde Gras, es werden Vögel …« Und das Vor-Gedachte *wurde*, das heißt: jede Geist-Gestalt bekam eine Entsprechung in der Materie. Das Eigentliche jeder materiellen Erscheinung ist die Idee von ihr. Ideen aber, als Geist, sind unzerstörbar. Zerstörung ist scheinbar: nur die materielle Form ist nicht mehr da; die Idee von ihr bleibt. »Himmel und Erde werden vergehen, aber meine Worte werden nicht vergehen« (Matth. 24,35). »Meine Worte«: Gottes Ideen, die »alles neu machen«. Was passiert, passiert nicht dem Eigentlich-Wirklichen. So wird es denn immer die Rose geben, die Grasmücke, die Nachtigall, die Birke und was sonst wir lieben, denn: was Geist ist, das ist Schöpferkraft, und die ist nicht nur in dem Wesen, das wir Gott nennen oder Weltgeist oder Brahman, sondern auch in seinem »Ebenbild«, dem Menschen. Der Mensch kann »ex nihilo«, aus seiner Phantasie, sich seine Welt neu erschaffen, denn er trägt sie in sich, als Idee.

Aus: Wachsender Mond, S. 107/108, a.a.O.

Was weinst du? Ruf mich, und ich komm

31. März 1984. Heute früh der Anruf aus Innsbruck: Karl Rahner ist tot. Gestorben um Mitternacht. Eingeschlafen – Meine erste Reaktion: Tränen. Dann aber eine Art von Freude. Den ganzen Tag über in Fest-Stimmung.
Vor zehn Jahren sagte er: Ich möchte sterben. Ich, erschrocken damals: Aber red doch nicht so lebensmüde! Er: Daß du nicht verstehst: Ich will endlich *wissen.*
Jetzt *weiß* er.
2. April. Die Festfreude enthält viel Schmerz. Wider alle Vernunft, wider alle höhere Einsicht: wer tot ist, ist fort. Ich werde nicht zur Beerdigung fahren. Ich kann nicht. Ich kann den Sarg nicht sehen. Ich will nicht nach Innsbruck. Nicht dorthin, wo diese Lebensfreundschaft begann: am Tor zum Jesuitenkolleg, am 27. Februar 1962.
Genaue Erinnerung: ich hatte an den berühmten Rahner geschrieben, ob ich, wenn ich durch Innsbruck komme, ihn besuchen und konsultieren dürfe für meine geplante Arbeit über Askese; ich kenne sein Buch ›Askese und Mystik‹ und möchte Fragen stellen dürfen. Kaum war der Brief im Kasten, dachte ich: Der berühmte Mann hat doch keine Zeit für derlei. Ich schickte einen Eilbrief: Er brauche nicht zu antworten, ich möchte ihn doch nicht stören. Doch schon war sein Brief unterwegs, der erste von Hunderten. Ich sei am 27. erwartet, mittags zwölf an der Pforte in der Sillgasse.

Ich war schon zehn vor zwölf dort und war aufgeregt wie ein Schulmädchen. Ich erwartete einen hochgewachsenen, strengen Jesuiten, der mir eine Viertelstunde Audienz geben würde. Fünf vor zwölf ging die Tür auf. Ein kleiner Mann mit schwarzer Mappe, einen grauen Regenmantel unter den Arm geknüllt. Grüß Gott, wohin gehn wir jetzt? Ich: Essen. Im Grauen Bären.
So einfach war das. Wir gingen essen. Die Ecke, in der wir saßen, wurde »unsre« Ecke. Es gab keinen Augenblick der Fremdheit.
Wir waren sofort »mittendrin«. Immer waren wir »mittendrin«. Zweiundzwanzig Jahre und vier Wochen lang.
Jetzt weine ich. Aber ich höre ihn sagen: »Was weinst? Wir warn doch sonst auch nicht so oft beisammen. Jetzt komm ich leichter. Ruf mich, und ich komm.«

Aus: Im Dunkeln singen, S. 143/144, a.a.O.

Gott ist Musik

Was ist das: Gott? Wir sagen: Lieber Gott; wir sagen Gott-Vater, wir sagen: Hilf uns. Als sei er ein menschliches Wesen. Ich sah ihn heute nacht als die entsetzliche, grenzenlose, lichtlose Leere. Nichts. Einfach Nichts. Nur Leere. Ein unzulängliches Wort für den Urschrecken, der das Universum beherrscht. Oder nicht? Oder der Ausdruck für einen Bewegungsstrom ohne Anfang und Ende?
Oder aber: der Ausdruck für jene Klänge, welche durch die Bewegung entstehen? Ur-Klänge? Sphären-Musik? Mitten im Angst-Traum begriff ich: Gott ist Musik.

Aus: Wir Heimatlosen. 1989-1992, S. 222, a.a.O.

Auf der Suche nach dem verlorenen Paradies

Ich liebe die Erde

In meinem Horoskop steht, daß ich sieben Planeten in Erd-Zeichen habe. Ich bin also ein Erdenkind. Meine Vorfahren waren Bauern, bis zur vorletzten Generation. Mein Vater war Lehrer. Aber meine Kindheit verlebte ich auf dem Land. Ich habe fast immer einen Garten gehabt, und selbst in den Städten, in denen ich zuweilen lebte, waren Gärten nahe, Parks und Schrebergärten. Ich habe jetzt seit Jahrzehnten einen großen Garten. Als ich das Stück Erde kaufte ... Ich erschrecke ein wenig bei diesem Wort: man kauft ein Stück Erde. Ich denke an jenen Hopi-Indianer, der schrieb: Die Erde gehört uns allen. Ja, aber ich habe aus dem gekauften Stück, das eine öde Wildnis war, etwas Schönes gemacht. Ich habe Bäume, Sträucher, Blumen gepflanzt und pflege sie. Ich liebe meine Pflanzen. Wenn ich von einer Reise heimkomme, gehe ich zu ihnen und begrüße sie. Ich habe einen Lieblingsbaum. Eine Pinie. Sie war der erste Baum, den ich vor 30 Jahren pflanzte. Wenn ich traurig bin, gehe ich zu ihr und lehne mich an ihren rissigen Stamm und sage: »Mutter Pinie, tröste mich.« Ich höre als Antwort, wie der Saft in ihr hochsteigt, der Lebens-Saft, das Leben. Unter ihr ist mein letzt verstorbener geliebter Hund begraben und nährt die Wurzeln. Der ewige Kreislauf. Die ewige Verwandlung. Alles fließt. Alles lebt fließend. Es gibt kein Feststehen, kein Festhalten. Darum gilt es, alles zu lassen. Meine Antwort auf die Frage nach meinem Verhältnis zum Tod: Den Tod gibt es nicht. Es

gibt nur das Sterben, und das ist nichts als Verwandlung in einen andern Zustand. Natürlich gibt es Augenblicke, in denen ich Angst habe, ich könnte ins pure Nichts fallen, das heißt ich fürchte den Zerfall meines Bewußtseins, meiner Persönlichkeit. Aber meist überwiegt ein anderes Gefühl, das des Einverstandenseins oder auch das der Erwartung. Vielleicht empfangen mich Arme von Wesen, die mich lieben, oder aber ich falle direkt ins Nirwana, in die unbegrenzte Liebesfülle.
Die Vorstellung, wir fänden zurück ins verlorene Paradies, ist falsch. Wir können das Rad der Geschichte und unseres Bewußtseins nicht zurückdrehen. Wir leben immer »nach vorne«, immer sind wir einbezogen in die Dynamik des Kosmos.
Es gibt aber Zeiten, in denen sich Knoten schürzen und Umbrüche ereignen. So leben wir gerade jetzt in einer atemberaubenden, Furcht erzeugenden Wende-Zeit. Wir können heute keine Paradieses-Insel finden inmitten des Chaos. Aber es gibt doch kleine Zeichen der Hoffnung.
Ich erlebe diese Zeichen am stärksten in der Musik. Die Musik der letzten Jahrzehnte waren Klage- und Protest-Schreie, entsprechend dem »Urschrei«, von dem die Tiefenpsychologen sprechen. Man begriff, daß man nicht mehr »schön«, d.h. tonal und harmonisch schreiben konnte. Man schrie die Not laut heraus. Nicht als gäbe es diese Notschreie auch nicht schon vorher. Es gibt sie schon immer. Es gibt sie bei Schubert und Beethoven. Aber sie waren nie so grell, so verzweifelt. Auch heute gibt es die große Klage und den Protest, aber nicht mehr in einer Form, die nur wehtun will. Es gibt eine Wende hin zur Schönheit, zu einer neuen Schönheit, die zwar nicht mehr tonal und harmonisch ist, als lebten wir in einer harmonischen Welt. Es ist eine Schönheit, die der Disharmonie abgerungen ist

und die in unserm Jahrhundert gefundenen Ausdrucksmittel benützt, um das Fürchterliche in eine neue Schönheit zu transponieren.

Erstveröffentlichung aus einem Gespräch 1992, a.a.O.

Das Gefühl des Fremdseins

Der Großvater hatte mir noch ein Geschenk mitgebracht: ein Amulett aus einem Karneol mit einer Inschrift, in Sanskrit vermutlich, ich konnte es nicht lesen, der Großvater entzifferte es und erklärte seine Bedeutung: »Wer diesen Stein trägt, kann nicht heimisch werden auf dieser Erde.« Das Gefühl des Fremdseins kannte ich, das war von jeher in mir, das ist noch in mir. Aber wie denn: bin ich nicht ganz und gar ein Kind dieser Erde, eine Stiergeborene, eine Venusbestrahlte, in einem Erdzeichen geboren? Liebe ich nicht das Leben? Lebe ich nicht leidenschaftlich gern und inbrünstig mit allem, was die Erde trägt, auch den Menschen? Habe ich mich je als eine Ausgesetzte gefühlt, als ein Stiefkind, eine Randfigur?
Und doch: ich durfte (äußeres Zeichen) nie an einem Ort Wurzel treiben. Zwanzigmal (ich zählte es eben) mußte ich umziehen, zuerst mit den Eltern, dann als junge Lehrerin, dann als Ehefrau, dann wieder allein. Immer wieder versuchte das Geschöpf der Erde ein Nest zu bauen in der Ackerfurche, und immer wieder war es nichts mit Dauer, mit Gemütlichkeit, mit Bürgerfrieden. Und selbst in den kurzen Zeiten, in denen so etwas wie stilles Glück gelebt werden durfte, war daneben, darunter das Gefühl: *Das* ist es nicht. Als ich 1975 in dem südkoreanischen buddhistischen Kloster Bulgugsa zum Tee beim Abt eingeladen war,

bat ich ihn zum Schluß um ein Mantra oder doch um einen Lebensspruch. Er schaute mich lange an, dann sagte er: »Alles ist nichts«.
Als ich, achtzehn Jahre alt, zum erstenmal Platon las, da war mir, als hätte ich die Ideenlehre von lange her gekannt. *Dort* war meine Heimat, dort, wo die Ideen herkommen, dort, wo *das Wort* herkommt. Immer wieder kam mir das Gefühl des Durchgangs, der Wandlung, des Wo-Anders-Hin-Gehörens. Der Großvater aus Indien, aus einer fernen Welt, aus einer fernen Zeit, der war ich selbst. Aber er war auch noch etwas anderes. Das aber weiß ich erst heute.

Aus: Den Wolf umarmen, S. 132/133, a.a.O.

Der Garten riecht fromm

Als wir in der früh beginnenden Dämmerung auf einem Berge Dorf und Kloster Sankt Georgen mit abendlich blauen Mauern und Türmen liegen sahen und endlich durch einen Torbogen fuhren und die Kutsche im Klosterhof anhielt, da war nichts mehr als nur Stille. Ich war dessen sicher, daß dieser Ort unerreichbar war für Krieg, Angst und Lärm. Sooft ich in späteren Jahren durch diesen Torbogen trat, erschien mir die Stille tiefer, und wieder wurde ich durch sie sanft einer friedlosen Welt, dem Lärm des Lebens und meiner eigenen Unrast entrückt. Die Kraft dieses Ortes, zu verwandeln, war unwiderstehlich.
Die Fünfjährige, die aus der Kutsche gehoben wurde, stand steif von der Fahrt und staunend in dem mächtigen Geviert von Mauern. Ein alter Herr im schwarzen Talar des Geistlichen näherte sich uns. Da aber begann eine

Glocke zu läuten. Der alte Herr blieb stehen, wo er war, bekreuzte sich und faltete die Hände. Die Mutter neben mir tat es ihm nach. Ich stand und wunderte mich, faltete die Hände und lauschte dem tiefen Glockentone nach, der von allen Seiten zugleich zu kommen schien. Ich konnte fühlen, wie der Ton in mir ein Beben hervorrief, so mächtig war er. Erst als das Läuten aufgehört hatte und nur mehr ein dunkles Summen zwischen den Mauern hin und her ging, wandte der alte Geistliche sich uns zu und reichte uns die Hand. »Gott schenke uns Frieden«, sagte er. Ich blickte in ein faltiges fremdes Gesicht. Die Mutter sagte: »Das ist Großonkel Felix.« Dann gingen wir auf einem schmalen Wege durch eine schon betaute Wiese und durch einen Garten, den die Dämmerung verschattete, dessen besonderes Wesen ich aber schon damals in seinem Geruche aufnahm. Ich dachte: Der Garten riecht fromm. Später unterschied ich, daß dieser so besondere, eindringliche Duft sich mischte aus dem Geruch von altem Holz, von Efeu und bemoostem Stein, von streng beschnittenen Buchs- und Thujahecken und dem bittern Atem von Nußbäumen und Eiben, die jenseits der Mauern wuchsen. Ein Jahrzehnt später erkannte ich, daß diesen Gerüchen noch eine besondere Essenz beigefügt war: Das Unbeschreibliche, Unerklärbare, jener ergreifende Hauch, den alle Stätten der Welt besitzen, an denen jahrhundertelang um den Geist der Reinheit und des Friedens gekämpft und gebetet wurde.

Aus: Die gläsernen Ringe, S. 8/9, a.a.O.

Mein Garten ist mein Garten

Morgengang durch meinen Garten. Mir ist das Wort »mein« zuwider. *Mein. Meine* Kinder. *Mein* ... Es gibt nichts, was einem so gehört, daß man dieses besitzanzeigende Fürwort darauf anwenden dürfte. *Mein* ist nichts. Aber mein Garten ist denn doch *mein* Garten, wenigstens so lange ich lebe, oder wenigstens für *jetzt*, für dieses *Nun.* »Ein Paradies«, sagt jeder Besucher. Ich finde, es gibt schönere Gärten, mit mehr Kunstverstand angelegte. Aber mein Garten hat eine seltsame Harmonie, obwohl er »zufällig« entstand, ohne Plan, ich setzte Jahr für Jahr neue Bäume und Sträucher, wo es eben Platz gab, und auf dem »wilden« Stück (runde 1500 Quadratmeter) säten sich die Eßkastanien und die Eicheln selbst aus zwischen Farn und Ginsterbüschen, und Zugvögel brachten fremde Pflanzensamen mit: eine Birke, eine Lärche (vielleicht aus dem Inntal), eine hier fremde Art von Pinie mit langen weichen dunkelgrünen Nadeln (besonders schöne Bäume). Eine Wildnis, die nach blühendem Ginster, Pinienharz, Thymian und kriechendem Efeu duftet. Ein Vogelparadies (seit die Jäger nicht mehr hereinzuschießen wagen).

Mein Garten: täglicher Anlaß zu Dankbarkeit. Nie versagt er sich mir. Das ganze Jahr hindurch ist er der großzügig Gebende: im Mai die kleinen wilden Erdbeeren, dann die Kirschen, dann die Aprikosen, dann die Pfirsiche, dazwischen die blauen und gelben Pflaumen; heute die ersten Birnen, die ersten Brombeeren, der Holunder (aus dem meine Großmutter Hollermus kochte und Hollersaft gegen das Fieber; ich sollte das auch tun, aber mir reichts schon, Marmeladen aus Aprikosen und Pfirsichen zu machen). Wirklich: nie läßt mich mein Garten leer ausgehen. Später kommen die Äpfel, die Haselnüsse, die Eßkastanien. Und

im Gemüsegarten habe ich heute die ersten Maiskolben und die erste Gurke geerntet (die Samen zu beidem habe ich aus Nordkorea mitgebracht, zur Probe, und sie gediehen. Nicht alles Fremde, an kargen oder jedenfalls anderen Boden gewöhnt, gedeiht in unserem vulkanisch fruchtbaren Boden, und wie die Nordkoreaner samenlose Gurken züchten, weiß ich nicht).
Ich spreche mit meinen Bäumen, natürlich. Ich bedanke mich bei jedem, der mir seine Früchte gibt, und ich lasse ihm die letzten. Ein Dankopfer an die Dryade, den Schutzgeist des Baumes. (Ich bin, man liest's, kein aufgeklärter moderner Mensch, aber vielleicht unserer Zeit in manchem ein klein wenig voraus.) Wie mich meine Bäume trösten durch ihr beständiges fruchtbares stilles Dasein! Es besteht eine große Liebe zwischen meinem Garten und mir.

Aus: Wachsender Mond, S. 41-43, a.a.O.

Ich knie in meinem Garten nieder

Die Rose anbeten. Beim Suchen einer bestimmten Sendung im TV plötzlich auftauchend ein Bild: eine rote Rose, und eine Stimme: »Gäbe es nur diese eine Rose auf der Erde, so müßte man niederknien und sie anbeten.« Die folgende Reklame wischt Bild und Wort hinweg. Beides bleibt in mir haften. Aber warum sagt die Stimme: Wenn es nur diese einzige Rose gäbe? Warum nur dann? Eine oder hundert oder tausend Rosen: es ist immer *die eine Rose*, und sie *ist* anbetungswürdig. »Rose, oh reiner Widerspruch«. Das stammt von Rilke. Widerspruch wogegen? Daß es die Rose gibt, widerspricht allen Formen von Pessimismus und Nihilismus.
»Rose, oh reiner Widerspruch«. Könnte wie ein zen-

buddhistisches Koan meditiert werden. So auch Goethe im ›Divan‹: »Unmöglich scheint immer die Rose«.
Jetzt denke ich: daß unsre geschändete, vergiftete Erde uns immer noch Rosen schenkt! Diese unendliche Geduld. Diese unendliche Hoffnung.
Ich knie in meinem Garten nieder, ich streichle die Erde, ich sage ihr Liebesworte, ich verspreche ihr, daß wir sie retten …

Aus: Im Dunkeln singen, S. 26/27, a.a.O.

Präziseste aller Definitionen

A rose is a rose is a rose … Ich habe mir eine Rose geschnitten heute morgen. Ich schneide mir fast immer nur eine einzelne Blume. Sie steht vor mir auf dem Schreibtisch. Ich schaue sie an. Und auf einmal denke ich: »Was heißt das: die Rose *ist* gelb?« Was ist das Gelbe an der Rose? Das Gelb ist das Gelb. Die Rose ist die Rose. Die Farbe ist die Farbe. Und der Duft ist der Duft. Die Rose ist immer nur die Rose. Und es ist nur eine Art Übereinkunft zwischen Rose, Farbe und Duft, daß sie sich zusammentun, um eine duftende gelbe Rose zu sein. Teamwork ist das.
Verrückter Einfall: wie alle Dinge nur sind, was und wie sie sind, weil das soundsovieles wortlos beschließt, sich zu vereinigen. Es kann sich wieder trennen: der Duft geht fort, die Farbe ist nicht mehr da. Und was dann weggeworfen wird – ist das noch »Rose«?
Aber was ist das: die Rose? Oder: eine Rose?
Nun: a rose is a rose is a rose.
Präziseste aller Definitionen.

Aus: Baustelle. Eine Art Tagebuch 1967-70, S. 48, a.a.O.

Verlust und Gewinn

Ein bukolisches Bild: die Schafe auf der Wiese in der Nähe meines Hauses. Campagnabild: eine uralte weitästige Pinie, einige Zypressen, der alte Hirt, der auf einem Stein unter einem Ölbaum sitzt, und die Schafe, zum erstenmal in diesem Frühjahr die Mutterschafe mit den Jungen, die vor kurzem erst geboren sind und auf noch unsicheren Beinen herumspringen und mit ihren dünnen Stimmchen ihr Mäh-mäh schreien, das an das Gewimmer und Geschrei in den Säuglingszimmern von Geburtskliniken erinnert, aber weniger durchdringend und erheiternd klingt. Das Ganze ist »reizvoll«. Wenn ich analysiere, was ich damit eigentlich ausdrücken will, dann stoße ich auf etwas, was mich bestürzt: früher erlebte ich alles, was man »Natur« nennt, mit einer ungemeinen Intensität. Ich konnte »Ekstasen« erleben, Zustände, in denen ich mich weit von mir entfernte, und, ohne »bewußtlos« zu werden, doch mein Ich-Bewußtsein verlor; ich wurde Teil der Landschaft. Sie nahm mich in sich hinein. Dieses Verhältnis besteht nicht mehr. Ich verliere es mit Bedauern, aber auch mit Einverständnis. Es gibt freilich auch jetzt noch Augenblicke der mystischen Vereinigung, etwa beim Schwimmen im Meer, wenn ich beinahe ebensogut ein Fisch sein könnte, oder beim Liegen auf einer sonnenheißen Mauerbrüstung, wenn ich beinahe im Stande einer Eidechse bin. Aber diese Augenblicke sind selten. Die Natur hat mich entlassen. […] Wenn ich früher Natur-Ekstasen kannte, so kenne ich jetzt Bewußtseins-Ekstasen, das durchdringende Entzücken an geistigen Phänomenen. Aber darin ist doch ein leises wehmütiges Abschiednehmen vom »Leben«. […]

Kann man denn nicht beides haben, nebeneinander, ineinander, und es bewahren bis ins hohe Alter? Bedingt jeder

Gewinn einen Verlust? Gibt es immer nur Schein-Synthesen, die in Wirklichkeit Halbheiten sind und Zeichen der Unfähigkeit zu »zweisprachigem« Leben?

Aus: Baustelle. Eine Art Tagebuch 1967-70, S. 78/79, a.a.O.

Schauen der Natur

Stilles Entzücken. Die Vogelschale auf meiner Terrasse: Quelle ständiger, inständiger Freude. Mittags und abends kommen sie; ich kenne meine Stammgäste: Ein Pärchen (immer kommen die beiden, eine Finken-Art, zusammen, nie einer allein); aber ein anderer kommt immer allein, ein winziger Grüner, ich weiß nicht, obs ein Zaunkönig ist und ob er wirklich ein Junggeselle ist oder ob ein Paar sich nur abwechselt; eilige Spatzen, und eine große schwarze Amsel. Die andern Gäste sitzen jeweils manierlich am Schalenrand und trinken, fünf, zehn oder mehr Schnabelvoll; die beiden Finken sitzen sich oft gegenüber, genau wie die Tauben auf dem berühmten Mosaik in Ravenna. Sie baden auch, meist mit Gespritze. Nie finden sich verschiedene Sorten zusammen ein, die Familien bleiben unter sich; man hält Ordnung, man »steht an«. Aber die große Amsel, die fällt herrisch ein, sie planscht, sie plustert sich auf, sie füllt schier die ganze Schale, sie badet ausgiebig, sie spritzt mit unbändiger Lust, sie wäscht sich eifrig unter den Flügeln; gestern saß sie nach dem Bad noch geschlagene fünf Minuten regungslos im Wasser, still genießend.
Könnte man nicht sein Leben verbringen mit dem Anschauen der Natur? Wenn ich alt bin, dann …

Aus: Im Dunkeln singen 1982 bis 1985, S. 91, a.a.O.

Irrt Goethe?

Meine Bignonia. Nie hat sie so reich geblüht. Schwere hängende Büschel der leuchtend orangegelben kelchartigen Blüten bedecken das Dach des innern Gartentors und hängen tief übers Gitter. Die Blüten sind kurzlebig. Ein zwei Tage, dann fallen sie ab, unverwelkt, unversehrt. Aber schon sind sie durch frische ersetzt. Warum fallen sie ab, ohne welk zu sein? Überhaupt ist mir diese Pflanze ein Rätsel: sie ist eine rankende Pflanze, hat aber nichts, womit sie sich irgendwo festhalten könnte. Dennoch wächst sie in die Höhe, drei, vier, fünf Meter hoch. Ein eher schwacher Stamm mit zarten Zweigen, denen man nicht zutrauen möchte, die schwere Last der Blütenbüschel zu tragen. Ich fühle, wie froh sie ist, diese Blütenlast auf das Dach des Gartentors legen und von dort auch hinunterhängen lassen zu können.
November: durch puren Zufall finde ich in Goethes naturwissenschaftlichen Schriften seine Beobachtungen über die Bignonia radicans. Er sah etwas, das ich nicht sah: daß die Pflanze hie und dort borstenartige Auswüchse hat, die mit feinen Haaren besetzt sind und Würzelchen gleichen. Goethe fragt sich, ob diese Auswüchse, erreichten sie den Erdboden, sich dort nicht einwurzeln würden (Luftwurzeln also?). Er sagt, wir behandeln die Pflanze ganz falsch, wenn wir sie durch Anbinden nötigen, in die Höhe zu wachsen; man müsse sie auf einer gewissen Höhe anpflanzen und hinunterhängen lassen, damit sie ihre ganze Pracht entfalten könne.
Aber ich habe die Pflanze gar nicht aufgebunden, sie wuchs von selber so hoch, rankenlos und kräftig. Irrt Goethe? Ich will nächstes Frühjahr eine Bignonia auf meiner Terrasse pflanzen und sehen, wie sie dort, hängend, gedeiht. Immer neue Bewunderung Goethes, der die Natur mit scharfem

Auge voller Liebe betrachtet und das Beobachtete sofort, ausdrücklich oder nicht, ins Philosophische überträgt, oder den Leser zu übertragen zwingend anregt: die Beobachtung, daß es Pflanzen gibt, welche »von ihrem ersten Ursprung an weder steigend noch kriechend ihre Existenz fortsetzen können, sondern genötigt sind, irgendein Grundaufsteigendes zu suchen, woran sie sich immer fort sich windend in die Höhe klemmen können«.
Für uns Menschen ist dies Grundaufsteigende eine Idee, gleich welchen Namens.

Aus: Im Dunkeln singen 1982 bis 1985, S. 30/31, a.a.O.

Ein Marienkäferchen

Eben, bei Arbeitsbeginn, finde ich auf den Manuskriptblättern ein Marienkäferchen. Glückskäfer, Glücksbote. Ich biete ihm ein abgefallenes Rosenblatt an. Es zieht mein Papierblatt vor. Ich bin süchtig nach Zeichen. Ich brauche sie. Kleine Brösel vom Brot der Hoffnung. In Notzeiten nährt man sich davon.
Nach einer Arbeitspause sehe ich das Marienkäferchen auf meiner Schreibmaschine. Auch recht. Aber wie soll ich jetzt schreiben, da es sich entschlossen hat, sich im Innern der Maschine einzurichten? Ich versuche es herauszufischen, aber es verschwindet. Wenn ich nun schriebe, würde ich es vielleicht zerquetschen. Zwei Stunden verbringe ich mit der Suche. Dabei wird meine Schreibmaschine gereinigt, das hat sie nötig. Aber kein Marienkäferchen. Jetzt endlich wage ich es, weiterzuschreiben. Wenn ich morgen ein totes Käferchen fände …

Aus: Winterfrühling 1972-1982, S. 193, a.a.O.

Fliege, meine Gefährtin

Drei Tage Winter, das heißt Sturm, Regenschauer, Hagel, Gewitter stundenlang, Schnee, wieder Regen und Finsternis. Ich bin von der Welt abgeschnitten, unsere Straße ist nicht befahrbar. Macht nichts: ich arbeite. Ich bin nicht allein, mein guter kluger Hund ist bei mir. Am zweiten finstern Tag bekommen wir einen Gast: ich hatte die Tür einen Spalt weit geöffnet, und der Wind wehte etwas herein, wirbelte es herum und ließ es fallen, es lag benommen auf dem Tisch: eine kleine Fliege. Ich mag Fliegen nicht, sie können einen arg stören bei der Arbeit, wenn sie es sich in den Kopf gesetzt haben, hundertmal um die Schreibtischlampe zu fliegen. Erster Impuls also: weg mit der Fliege. Aber ich töte nur unter eigenen Qualen. Besser ist: die Fliege fangen und wieder aussetzen. Noch besser: sie unter die Plastikhülle des Orangenbäumchens auf der Terrasse legen. Aber ich tue keins davon. Denn: vielleicht ist für diese Fliege mein Zimmer eine Tempel-Freistatt, eine Zuflucht, in der nicht getötet und von der niemand verjagt werden darf. Mag sie bleiben.

Ich überlege, ob ich ihr nicht etwas zu essen anbieten müßte: Wasser, ein Tröpfchen Honig oder ein Bröselchen Fleisch, Fliegen gehen doch an alles. Aber sie sucht sich, wie es scheint, selber einiges zusammen auf dem Tisch und darunter. Sie belästigt mich nie. Schließlich scheint die Sonne wieder. Ich öffne die Tür. Bitte, du kannst gehen, die Sintflut ist vorüber. Aber die Fliege will nicht.

Eine Woche später kommt Stephan zu einem Blitzbesuch. Eine Fliege, sagt er und will nach ihr schlagen. Nein, rufe ich, als gelte es, einen Mord zu verhindern. Ich erkläre ihm, daß diese Fliege meine Gefährtin war in den drei dunklen Tagen. Er versteht. Am nächsten Tag sitzt sie auf meinem

Schreibtisch. Ich will sie sanft verscheuchen, da höre ich, daß sie einen sirrenden Laut von sich gibt, und ich sehe, daß ihre beiden Hinterbeine von einem Spinnenfaden gefesselt sind. Ich befreie sie vorsichtig. Sie fliegt davon.
Am nächsten Tag sitzt sie wieder da. Sie ist nicht gefesselt, aber müde. Sie läßt sich teilnahmslos von meinem Finger wegschieben und bleibt sitzen. Eine Weile später fliegt sie weg. Seither sah ich sie nicht mehr.
Eines Tages werde ich beim Staubwischen etwas Kleines, Schwarzes finden: eine Fliegenmumie. Ich bin ein unsentimentaler Mensch, aber ich bin fähig, in einer winzigen Kreatur das Schicksal aller Kreaturen mitzuleiden. Der Tod eines Lebewesens, das nicht fähig ist, sein Schicksal zu transzendieren, tut mir weh. Ich versuche, mich und meine Fliege zu trösten mit Paulus: Die ganze Schöpfung wird auferstehen, denn sie ist Geist, und Geist ist ewig unvergänglich.
So werde ich denn »drüben« von einer fröhlichen kleinen Fliege, mit der ich auf Erden befreundet war, empfangen werden.

Aus: Grenzübergänge. Tagebuch-Notizen, S. 293, a.a.O.

Lichtstraße – meine Geranienblüte

Lichtkraftwanderung. Mein Blick fällt auf die großblättrige Geranie vor meinem Fenster. Alle ihre Blätter sind dem Licht zugekehrt, aber nicht alle erreichen es, einige sind im Schatten, andre im Halbschatten, das ergibt ein Grün-in-Grün-Mosaik, ein Licht- und Schattenspiel. In der Mitte eine große Blüte, karmesinrot, ganz im Licht, sie hält meinen Blick fest, und ich überlasse mich ihr absichts- und gedankenlos, ganz leer. Mit einem Mal erweist sie sich als Tor, durch das man eintreten kann. Dahinter beginnt eine Straße, Lichtstraße, auf der man gehen kann, weiter, immer weiter und weiter …

Wohin? Das weiß man erst nach der Rückkehr: man war dort, wo die Geranienblüte beginnt. Da, wo jemand will, daß die Geranienblüte sei. Da, wo aus der »Leere« etwas aufsteigt: das Urbild der Geranienblüte, das Bild, das zugleich Wort ist und das, beim Sturz durch den Weltenraum alle Phasen der Verdichtung, der Materialisation, erfährt und schließlich hier ankommt. Meine Geranienblüte ist das Signal des Angekommenseins der göttlichen Idee von der Geranienblüte. Alles kommt auf solche Art zu uns und anders nicht.

Aus: Kriegsspielzeug. Tagebuch 1971-1978, S. 48, a.a.O.

Das Nu, in dem alles ist

Das Nichtstun lernen. Nichts-Tun wollen. Ist schon falsch, dieses »Wollen«, aber wie sonst? Ich sage mir: So, jetzt tust du einmal *nichts*. Aber wie tut man »Nichts«?

Eine Erfahrung, so einfach, daß sie keine zu sein scheint. Ich habe zu viel gearbeitet in den letzten Jahren. Keine Erholung. […] Alles schien gut zu gehen. Dann plötzlich die Antwort, der Gegenschlag: schwere Müdigkeit, Magenschmerzen, Verspannungen, tiefste Unlust zu jeder Art Arbeit, ja zum Dasein. Eine Krankheit mit Namen Erschöpfung. Mit den Augen der ostasiatischen Medizin gesehen: der Verlust der Mitte durch den Verlust des Ausgleichs von Yang und Yin.

Endlich also geb ich nach: keine Arbeit, keine Anstrengung

mehr, das Nichtstun lernen. Aber was tut man, wenn man *nichts* tut? Man tut immer *etwas*. Was also tun? Müde herumliegen, sich nur aufraffen, die politischen Nachrichten im Fernsehen anzuschauen und zu hören. Wenigstens das, doch auch das mit Ekel, nur als unumgängliche Pflichtübung. Und sonst? Welke Rosen schneiden, mit dem Hund durch den Garten gehen viele Male, Blumengießen. War denn der Tag auszufüllen auf solche Weise? Wie geht denn das? Sonst: um fünf, spätestens sechs Uhr auf, Schwimmen, Gymnastik, um sieben Uhr am Schreibtisch, Arbeit bis Mittag, nachmittags Post, Besucher, Lesen ... Allmählich hört die Maschinerie in meinem Kopf auf, die Räder drehen sich immer langsamer, ich interessiere mich für nichts mehr, ich schlafe, ohne zu schlafen. Mein Ich schläft ein. Oder vielmehr: es begibt sich irgendwohin. »Abgestiegen zur Hölle ...« Eines Tages kommt es zurück, sehr leise, sehr langsam, wie betäubt noch, aber es hat die Magenschmerzen irgendwo abgelegt, es kommt mit einem Anflug von Appetit auf Essen und Trinken. Das zuerst. Und dann mit dem Appetit auf Schauen und Hören: ich ertrage wieder Musik, leichtere nur, Dvorák, Sibelius; dann beginne ich den Garten zu sehen, als wärs ein neuer; dieses Erstaunen: da ist eine Rose! Da ist ein Büschel Gras! Da ist ein grüngoldner Rosenkäfer! Der Freudenschreck: die Erde ist da, und sie ist schön! Und ich bin wieder da! Inmitten all des Lebens bin ich wieder da. Ich spüre, wie eine neue Kraft in mir aufsteigt, wie der Saft im Baum. Mein Ich ist wiedergekehrt von einem Ort, an dem es gestärkt wurde. Mehr noch: an dem es neue Erkenntnisse bekam, mit denen es mich jetzt überschüttet. Alles, was ich je wußte, ist jetzt da, gesammelt, auf einen hohen leuchtenden Punkt gerichtet. Was ich je wußte, das wird jetzt Evidenz. Besonders dies: im Augenblick leben. Das ist das *»Nu«* des Meister Ekkehart. Das

Nu, in dem *alles* ist, alle Zeit. Im Hier und Jetzt: Alles. Horizontale und Vertikale in Raum und Zeit, sie gelten nicht mehr. Das Leben ist ein Punkt mit nicht meßbarer, weil unendlicher Ausdehnung. Ein Atemzug, und ich besitze alles. Ein Ausatmen: ich lasse es wieder. Einatmen: es kehrt zurück. Das Universum liegt in meiner Hand, es ist ein leichter Ball aus fließendem Licht. Das Licht fließt. Alles fließt. Alles wandelt sich unaufhörlich. Was immer bleibt, das ist »das Leben«. Oder: »der Geist«. Plötzlich will ich alles tun, alles zugleich: Klavierspielen, Briefe schreiben, Besuche haben, reisen, stillsitzen, lesen, schauen …

Wirklich: wo war mein Ich (meine »Seele«) in diesen Wochen gewesen, wo man es mit soviel köstlicher Wegzehrung versorgt hat?

Krank sein, um gesund zu werden; schlafen, um aufzuwachen; weinen, um heiter zu werden; nichts wissen, um zu wissen; sterben, um zu leben.

Aus: Wachsender Mond. 1985 bis 1988, S. 133-135, a.a.O.

Die Tränen der Tiere

Was mich immer schon quälte: Adam und Eva haben gesündigt, indem sie sich aus der All-Einheit lösten und aus dem Paradies stürzten. Sie, ja. Aber die übrige Natur? Aber die Tiere? Wieso kann Abel ein Lamm opfern? So waren denn auch Tiere aus dem Paradies verjagt worden? So ist es. Sie wurden der tötenden Hand des Menschen ausgeliefert. Schuldlos! Ja, aber unlösbar verstrickt in das Schicksal des Menschen. Aber wenn das so ist, dann gehören sie auch zum künftigen Schicksal des Menschen: zur erlösten Welt! Also sind auch sie auf dem Weg, nämlich zum höhern

Bewußtsein und zur höhern Seinsform. Das Tier auf dem Weg zum Gott.
Wer lehrt uns diese Ehrfurcht vor dem Tier?
Die Indianer baten ihren Gott um Verzeihung, wenn sie auf der Jagd ein Tier töteten. Bitten wir um Verzeihung für die entsetzlich grausamen Tierversuche?
Paulus schrieb, die Schöpfung warte stöhnend auf die Erlösung. »Die Schöpfung liegt in Wehen.« Die gesamte Schöpfung. Also auch die Tiere. Sie erwarten wie wir Menschen die Zeit, in der »alle Tränen abgewischt werden«. Die Tränen der Tiere: der Versuchstiere, der Lasttiere, der Tiere in den engen Käfigen, der Kettenhunde, der von Urlaubern ausgesetzten Hunde und Katzen, der aus falscher Liebe überfütterten und darum kranken Haustiere ...
Das Leid der Tiere schreit um Hilfe. Ich sage: Wir Menschen werden nur dann erlöst, wenn wir den Tieren zu ihrer Erlösung helfen.

Aus: Wir Heimatlosen. 1989-1992, S. 170/171, a.a.O.

Nicht mehr trauern können

Ein sehr schöner Septemberabend: das Meer glänzt schwach und erlischt dann langsam, das Tal wird samtschwarz, es schließt die Augen. Darüber der Himmel wird veilchenblau und weiter oben rotblau wie nicht ganz reife Pflaumen, und noch höher ist ein orangegelber Streifen, und darüber ein ganz helles glattes Blau wie emailliert. Und ein Stern. Und der Garten riecht durchdringend süß nach späten Rosen ... Ich zähle mir das alles auf, um mir Eindruck zu machen, ich sage mir, das ist so und so, und das ist schön. Ja – aber ich bin in der Lage eines Menschen, der in einem

Boot auf einem Fluß an dieser schönen Erde-Himmel-Landschaft vorbeitreibt. Er sieht, daß die Landschaft schön ist, er könnte aussteigen, möchte aussteigen, aber er tut es nicht, es ist ihm verwehrt, und er ist einverstanden damit, daß es ihm verwehrt ist, er ist nicht einmal traurig darüber. Aber traurig ist er darüber, daß er über Verluste nicht mehr trauern kann.

Aus: Baustelle. Eine Art Tagebuch 1967-70, S. 366/367, a.a.O.

Wie soll ich damit zufrieden sein?

Ich weiß, daß es viel Schöneres gibt als zu leben, ich meine, hier zu leben. Das alles kann uns doch nicht genügen: studieren, essen, schlafen, und einen Beruf haben und heiraten und Kinder bekommen, was ist das alles? Man gewöhnt sich daran und dann redet man sich vor, es habe Sinn. Ja, möglicherweise hat es einen Sinn für den, der nichts anderes braucht und kennt. Aber wie soll ich damit zufrieden sein? Ich weiß aus Büchern, daß es herrliche Augenblicke im Leben gibt, man sagt: in der Liebe, oder wenn man ein Kind geboren hat, oder wenn man eine Wahrheit gefunden hat, aber das alles dauert ja nicht. Man bekommt nur eine kleine Kostprobe, man bekommt nur etwas gezeigt, was einem dann wieder weggenommen wird. Das, nein, das genügt mir nicht. Und darum, so begreifen Sie doch, darum will ich sterben.

Aus: Mitte des Lebens, S. 27/28, a.a.O.

Alleingelassene Kinder

Ich bin ehrlich zu mir, wenn ich allein bin. Andern gegenüber fühle ich mich immer in der Defensive, also muß ich mich verteidigen, muß angreifen, auftrumpfen. Alleingelassen, bekenne ich meine Armut. Aber nicht immer. Alleingelassen, kann ich auch meinen wirklichen Wert sehen. Er ist nicht hoch, aber er ist da. Es gibt Augenblicke, wie jetzt, wo ich mich sehe wie ich vermutlich bin: ein unreifer Jugendlicher, voll von unterdrücktem Feuer, voll von echtem Verlangen nach dem Vollkommenen, für das mich zu opfern ich bereit bin. Käme jetzt einer, ein *Meister*, der mich zum Jünger nähme: ich würde ihm folgen, er könnte etwas Großes aus mir machen. Christus, der den Petrus ansah, und der folgte ihm und wurde der Fels. Geschichte oder Mythos, gleichviel: *so* war es, *so ist* es, vielmehr: so sollte es sein. Aber es kommt kein Meister. Man läßt uns allein. Es gibt vielleicht gar keine Meister mehr. Keine Meister und keine Väter. Nur im Wald alleingelassene Kinder, ausgesetzt, und der Kompaß ist noch nicht erfunden, und Sonne ist keine da um sich nach ihr zu richten.

Aus: Ich bin Tobias, S. 199, a.a.O.

Nomaden zogen durchs Land

Ich mag für den Augenblick kein fremdes Schicksal mehr, ich will heim; als ob es das gäbe für mich; immer wieder falle ich auf das Versprechen herein, das ich mir selber gebe: heimkommen zu dürfen. Die Bewegung dorthin jedenfalls, das Autofahren, ist gut und tut wohl. Unheimlich gemäß ist es uns Heutigen, in rascher Bewegung zu sein, von irgendwoher irgendwohin. Wohin? Nomaden zogen durchs Land, wechselten ewig den Ort, sie wußten warum, sie schon: sie tauschten das abgegraste, von den tausend Hufen ihrer Herde verödete Weideland für frisches; sie gaben eine Heimat nur auf, um eine andre zu finden; nicht die Wanderung wollten sie, sondern die Bleibe. Aber wir, was für was tauschen wir ein? Wollen wir denn von irgendwo weg irgendwo hin? Wir haben Häuser, Wohnungen, gewiß, kleine Höhlen zum Schlafen, zum Eierausbrüten, aber das Haus, in dem wir leben, das ist die Bewegung, in ihr ungeborgen sind wir geborgen, die Unruhe ist unsere Ruhe, die Bewegung ist der Sinn. Es gibt Unkenrufe, Prophetengeschrei: das sei nichts als Flucht, beim Fliehen verlören wir alles, uns selbst, man brauche doch Grund und Boden, die stetige Bleibe, die Ruhe. Wenn es aber gerade anders ist? Wenn es Flucht ist, ein Haus zu bauen, sich irgendwo anzuklammern, so zu tun, als gebe es dies: das sicher Umgrenzte, das Eigene, das aus der rastlosen Bewegung der Welt Ausgesparte? Wenn die Kreuzspinne ihr Netz aus Eisendraht macht, der Sperling sein Nest aus Beton, der Zitronenfalter sich in Blei verpuppt, der Zigeuner ein festes Haus baut: Verrat! Laßt uns nur unser Auto, das Zelt des Nomaden von heute. Unsre Lust an der Bewegung, sie ist unsre Form zu gehorchen.

Aus: Septembertag, S. 106/107, a.a.O.

Wir müssen fliehen, Rabbi

Wie verprügelte Hunde standen sie da. Und er ging einfach hinweg. Aber sein Wort, das schwarze Wort: Was ihr tun wolltet, das werden andre tun zu gegebener Zeit. Was sah er voraus? Was beschwor er herauf?

Der einzige, der zufrieden war, mehr als zufrieden, war Jehuda. Rabbi, wunderbar hast du gesprochen. Ganz große Rede war das. Das Jobeljahr! Das ists. Die Aufhebung der Lohnsklaverei, die Rückgabe enteigneter Güter, die Landaufteilung, der Besitzausgleich. Zurück zum Leben unsrer Urväter, da alles allen gehörte, ehe sie nach Kanaan kamen und den Baal an Stelle Adonais setzten. Zurück zu jenem Zustand der Gerechtigkeit! Vorwärts zu ihm! Und du, Rabbi, du bists, der uns führen wird! Du bist der dazu Gesandte, der Gesalbte!

Was war über Jehuda gekommen? Er erschrak über sein eigenes Wort, als hätte ein andrer aus ihm gesprochen. Doch erlaubte er sich keine Zurücknahme. Was gesagt ist, ist gesagt. Der Gesalbte, der Gesandte. Was immer er gesagt hatte: gemeint hatte er den Aufstand, der, und nur der, den Rechtszustand in Jisrael herstellen konnte, die alt-neue Gesellschaftsordnung, und gemeint hatte er Jeschuas Führerrolle.

Jeschua hörte sich im Gehen Jehudas große Rede an und sagte nichts, so daß auch Jehuda verstummte.

So wanderten wir schweigend weiter und fragten nicht einmal, wohin, bis Jeschua sagte: Nach Kefarnachum.

Jedoch, wir kamen nicht dorthin.

Schlimme Nachricht hielt uns auf: Herodes war dem Wahnsinn verfallen, nachdem er den Täufer hatte umbringen lassen. Er schlief nicht mehr, er irrte im Palast umher und schrie: Der Täufer ist nicht tot, er ist wiedergekehrt

aus dem Totenreich, bringt ihn um, sonst bringt er mich um!
Und er gab Befehl, diesen neuen Täufer zu töten. Alle wußten, daß der Wahnsinn aus ihm sprach. Jedoch: wer konnte sicher sein, daß sich nicht willfährige Hände fänden. Wir müssen fliehen, Rabbi!
Und wir flohen. Lange Nachtwanderungen, bei Tag Schlaf in Verstecken. Immer fanden wir einen leeren Schafstall, eine Höhle, eine Feuerstelle, und immer eine Quelle, eine Zisterne, eine Dattelpalme und wilde Beeren und Kräuter, und die Flucht wurde uns zu einer Zeit der Freude. Keine Schriftgelehrten, keine Kranken, keine Anforderungen, und der Rabbi ganz allein mit uns, und wir entdeckten, was wir vergessen hatten: daß wir allesamt jung waren und scherzen konnten, auch Jeschua. So hatten wir ihn nie gesehen, und so sollten wir ihn nie mehr sehen. Einmal machten wir einen Wettlauf, und er siegte. Wir vergaßen, daß wir Flüchtlinge waren und von geheimen Häschern Gesuchte. So kamen wir über die Grenze ins Syrophönizische, und bei Tyros ans Meer. Wir waren Binnenländer und hatten das Meer nie gesehen. Wir liefen hinein und waren wie Kinder und bespritzten uns mit Wasser und tauchten, fast alle von uns waren am See aufgewachsen, wir schwammen wie Fische. Glücklich waren wir, ganz einfach glücklich, auch Jeschua, und glücklich erschöpft schliefen wir am Strand.
Aber der Friede dauerte nicht lang.

Aus: Mirjam, S. 148/149, a.a.O.

Bruder Hund – Schwester Katze

Er [Bruder Franz] hat sich zu uns gesetzt und geredet, was man eben so redet, über die Hühner und die Kinder, und dann hat er gesagt, die Tiere hätten auch eine Seele, alles habe eine Seele, darum sei uns alles verwandt, und wir müßten es lieben und schützen. Zuerst haben wir ihn ausgelacht, und wir haben unsre Späße gemacht, wir haben ihn nicht verstanden. Wißt ihr noch, wie er dem Hund und der Katze gepredigt hat?

Ja! Unser Hund hatte eure Katze gejagt, und jetzt saß sie oben auf einem Baum und blutete an der Pfote, und unten stand der Hund und blutete am Kopf, und da kam Franz und schaute sie beide an und schüttelte den Kopf und sagte: ›Bruder Hund, warum eigentlich verfolgst du deine Schwester Katze? Du sagst, sie hat angefangen. Schwester Katze aber sagt, du hast angefangen. Wer hat recht? Und warum jagt ihr einander? Weil dumme Leute euch aufeinander gehetzt haben. Schaut doch, wie schön das Leben ist! Warum macht ihr es euch schwer? Schwester Katze, Bruder Hund nimmt dir deine Maus nicht weg. Bruder Hund, Schwester Katze nimmt dir deinen Knochen nicht und nicht den Hasen, den du jagst. Also, warum der Streit?‹ Zuerst haben wir das für einen Spaß gehalten und gelacht, aber dann hat der Franz zu mir gesagt: ›Bruder Hund, hast du verstanden?‹ Da habe ich verstanden, ich hatte nämlich zuvor einen Streit gehabt mit Antonio, es ging darum, wer … ach, das interessiert Sie ja nicht, kurzum: wir hatten verstanden, daß die Predigt uns galt. Und wißt ihr noch, wie daraufhin auch der Ezio und der Atilio Frieden machten, obgleich der Franz gar nichts von ihrem Streit gesagt und gewußt hatte?

Und wißt ihr noch die Gänse-Predigt?«

»Wie, bitte?«

»Ja, einmal hat er unsern Gänsen gepredigt. Es war so: Wir hatten Streit, weil die Älteren die Siedlung einzäunen wollten mit Stacheldraht, und wir Jüngeren wollten das nicht, und wir schrien aufeinander ein, keiner hörte mehr, was der andere sagte, und wir hörten und sahen allesamt nicht, daß Franz gekommen war. Und dann ging er wieder, und auf einmal hörten wir das Geschrei unserer Gänse, Franz trieb sie alle vor sich her und mitten in unsre Streitversammlung hinein, so daß man vor lauter Gänsegeschnatter kein Wort mehr verstand. Und dann fing Franz an, mit den Gänsen zu reden: ›Liebe Schwestern Gänse, lieber Bruder Gänserich, es scheint, daß ihr ein Anliegen habt und euch nicht einig werden könnt, und ich kann euch nicht verstehen, denn ihr schreit alle durcheinander, jeder will noch lauter schreien als der andere, aber so kommt ihr nie zu einer Einigung, jetzt bleibt einmal ruhig stehen, und eine nach der andern sagt ihre Meinung, und keine schnattert länger, als bis ich die Hand hebe, und jede überlegt sich vorher, was sie sagen will.‹
Wir haben natürlich gelacht. Franz ging mit den Gänsen weiter, die nichts lernen wollten von ihm.«

Aus: Bruder Freuer, S. 40/42, a.a.O.

Wie glücklich die Bienen sind

Einmal, an einem Sonntag, schwärmte ein Bienenvolk aus. Wir saßen gerade alle beisammen in der Sonne und sahen die summende Wolke. Franz sagte: ›Schaut, wie glücklich die Bienen heute sind, sie besitzen gar nichts mehr. Sie nehmen aus ihrem Stock nur ein bißchen Vorrat mit für die nächsten Tage, und weil sie nichts mehr besitzen, fürchten sie keine Honigräuber, sie sind nicht mehr mißtrauisch und greifen nicht an. Seht, ich kann sie anfassen, sie sind sanft und harmlos, sie sind die Selig- Armen.‹ Den Leuten ging das ein, sie begannen ja überhaupt, ihn zu verstehen. Aber nun war ich es, der ein wenig stänkern mußte, ich sagte: ›Ja, aber wohin fliegt der Schwarm, was hat er vor? Nichts anderes, als einen andern Ort zu suchen, von neuem sich für einen Besitz zu plagen, Honig anzusammeln, ihn zu verteidigen und dich zu stechen, da hast du also das Glück der Armut und Freiheit, es dauert nicht, was sagst du jetzt?‹ Franz sagte: ›O Leone, weißt du nicht selbst, daß wir nicht im Himmel leben, sondern auf der Erde, die verdorben ist durch unsre Schuld, und auf der wir nur Erinnerungen finden an das, was sein könnte und einmal sein wird? Aber laß uns einmal überlegen, was uns die Bienen zu sagen haben. Wem gehört der Bienenstock, aus dem der Schwarm kam? Dem Alessio, gut. Nehmen wir an, die Bienen wären Wildbienen und gehörten niemand als sich selber. Würden sie dann nicht arbeiten? Doch, genauso. Für wen arbeiten sie jetzt? Für den Alessio. Für wen arbeiten Wildbienen? Für sich selber. Würden sie hungern und geriete der Stock in Unordnung, wenn er niemand gehörte? Nein. Würden die Wildbienen weniger Wachs und Honig produzieren? Sie würden nur so viel produzieren, wie sie für sich brauchen. Könnten sie denken, würden sie fragen: warum nur arbeiten wir so schrecklich viel? Nur um dem Alessio zu Gewinn zu verhelfen? Warum sollen wir das tun? In Frankreich gab es einen Mann, Waldes hieß er, der gründete eine Kommune, in der viele Menschen zusammen lebten. Sie gründeten eine Weberei, die gehörte allen, der Gewinn gehörte allen, die Buchführung war öffentlich, jeder bekam, was er brauchte. Der Überschuß wurde hergeschenkt, es ging ihnen nicht um

Gewinn, sondern um das Zusammenleben in Liebe und Frieden. Und wer regierte? Wer regiert im Bienenstock? Die Königin? O nein, die legt Eier, sie erfüllt ihre Aufgabe, sie regiert nicht. Es gibt auch keine Bienenpolizei und keine Bienengefängnisse, denn jeder tut seine Aufgabe und dient dem Ganzen.‹ So redete Franz zu ihnen und sie fingen an, ihn zu verstehen.«

Aus: Bruder Feuer, S. 114/115, a.a.O.

Das Spiel des Wassers

Dies ist keine Todeskarte, es ist die Karte der Reinigung und Wandlung.
Bin ich deshalb hier? Geht es um mich? Und was habe ich mit dieser Stadt zu tun und mit dem Mauereinsturz?
Was außen ist, ist innen. Was einen betrifft, betrifft alle. Du bist mit im Spiel.
Aber ich habe diese Stadt doch nie vorher gesehen?
Sie lächelt. Geh jetzt, sagt sie. Deine Reise hat schon begonnen.
Sie steht auf, und der Vorhang fällt. Ich will sie zurückrufen, aber wie kann man jemand rufen, dessen Namen man nicht weiß? Hinter dem Vorhang ist niemand mehr.
So verlasse ich denn den Raum und das Haus.
Der Vollmond steht immer noch über demselben spitzen Giebel, wie aufgespießt. Er hat sich nicht bewegt in all diesen Stunden. Meine Uhr ist im Auto geblieben, ich weiß nicht, wie spät es ist. Es ist mir jetzt auch schon gleichgültig.
Der Michaelsbrunnen rauscht laut, viel lauter als vorher, aber das Rauschen ist nicht gleichmäßig, es kommt, es

schweigt, kommt, schweigt. Der Brunnen pulsiert. In den kurzen Pausen der Stille höre ich etwas, das mich zuerst denken läßt, es seien Straßenkehrer bei der Arbeit. Ein streichendes, fegendes Geräusch. Aber es sind Schritte. Schritte von Leuten, die beim Gehen ihre Füße nicht heben. Leute, die zu müde sind, um zu gehen. Sie schleppen sich schleifend vorwärts. Ich sehe sie nicht, ich sehe nur ihre Schatten. Einer nach dem andern verschwindet, Haustüren schließen sich lautlos. Ich verstehe: es sind die Leute, die vom Mauerbau kommen, sie sind todmüde. Schließlich ist der Marktplatz leer, und nun ist das Rauschen des Brunnens überlaut. Ich sehe, der Strahl schießt höher, das Wasser fällt in stärkeren Kaskaden von Schale zu Schale. Ein launenhafter Wind springt auf und weht das Wasser versprühend bald nach der einen Seite, bald nach der andern. Ist der Tropfenschleier im Mondlicht, glitzert er silbern, ist er auf der Schattenseite, scheint er schwarz, ein Witwenschleier. Ich schaue dem Spiel eine Weile zu. Auf einmal höre ich Musik, eine Flöte vielleicht, nein, keine Flöte, denn es sind Dreiklänge, bald deutlich zu hören, bald vom Wind verweht und vom Wasserrauschen überdeckt. Ich gehe näher und sehe den Musikanten, er sitzt auf dem Brunnenrand in der Schattenseite, selber eine Schattengestalt, bis der Wasserschleier nach der andern Seite weht und das Mondlicht auf ihn fällt. Das Instrument, dem er diese Zauberklänge entlockt, ist eine simple Mundharmonika, auf der jedes Kind blasen kann. Ich selber besaß so eine. Es versetzte mich in einen Rausch, hineinzublasen und dann den Atem wieder zurückzuholen. Ein aus, ein aus. Beim Hineinblasen der Akkord f-a-c, beim Zurückholen g-b-d. Aber was dieser Musikant aus dem simplen Einfall macht, wie er die einfachen Dreiklänge variiert, indem er einmal diese, einmal eine andre Note heraushebt, wie er zwischen pianissimo und

forte spielt, was für eine komplizierte Rhythmik er beherrscht. Bisweilen mischt er seine eigene Stimme summend hinein, so daß er Vielstimmigkeit erzeugt, ich weiß nicht, wie er das zuwege bringt. Ich bin verzaubert. Was ich erst nach einer Weile bemerke: das Wasser des Brunnens gehorcht ihm, bläst er in sein Instrument, so strömt das Wasser, zieht er den Atem ein, stockt es.
Orpheus, denke ich, und dann sage ich es laut. Da bricht der Spieler ab, klopft die Speichelfeuchtigkeit aus dem Instrument, steckt es in die Tasche und lacht. Erkennen Sie mich denn nicht mehr? Ich bin der hüpfende Michael aus dem Hotel.

Aus: Silberschuld, S. 58-60 der Taschenbuchausgabe 1992, (c) 1987 by S. Fischer Verlag, Frankfurt am Main

Nichts von Paradiesesfrieden

Kaum sitzen wir im Boot, als es, von einer starken Strömung erfaßt, vorwärts schießt. Der Fahrtwind saust mir um die Ohren, ich höre nicht mehr, ich ducke mich, Herma steht aufrecht und lenkt steuerlos unser Boot zwischen den anderen Booten und den ausgestreckten Händen hindurch auf die Felsschlucht zu. Ich bin sicher: wir werden dort an den Riffen zerschellen, aber das ist mir jetzt gleichgültig, oder fast schon erwünscht: dann hat diese absurde, diese so äußerst unangenehme, quälende Reise ein Ende. Fast mit Enttäuschung bemerke ich, als die Fahrt langsamer wird, daß wir die Felsschlucht passiert haben, auf einem stillen Gewässer schwimmen und schließlich an einem Ufer landen und aussteigen.
Ich schaue zurück, ich sehe die Kähne vor der Felsschlucht

kreuzen, aber es gelingt ihnen nicht, diese Pforte zu passieren, um ins stille Wasser zu kommen. Komm, sagt Herma und dreht mein Gesicht nach vorne.
Der Anblick, der sich mir bietet, läßt mich die unseligen Schiffer beinahe sofort vergessen.
Vor mir ein Stück Heimatlandschaft: ein Bauernhof inmitten maigrüner Hügelwiesen, auf denen Schafe, Kühe, Pferde und Ziegen weiden; dazwischen laufen Gänse, Hausschweine, Hühner, Truthähne, Pfauen. Zwischen das einheimische Stallvieh mischt sich nach und nach Jagdwild: Rehe, Hirsche, Wildschweine, auch Füchse, Marder, Dachse. Dann verändert sich das reizende Bild, als werde es überlagert von einem zweiten, das Löwen und Tiger, Luchse und Bären, Adler und Falken zeigt. Die fremden Tiere mischen sich unter die heimischen, es werden immer mehr, woher kommen sie denn, sie sind einfach da, vermehren sich auf der Stelle, sie drängen sich aneinander, sie tun sich nichts Böses, sie sind sich einig, und doch hat das ganze Bild nichts von Paradiesesfrieden. Sie machen mir angst, sie kommen mir zu nahe, was wollen sie von mir, diese Raubvogelaugen, diese angriffsbereiten Hörner und Geweihe, diese hochgehobenen Hufe und Klauen, die gefletschten Gebisse, diese schlagenden Flügel, peitschenden Schweife, diese über uns schwebenden Raubvogelklauen. Die Tiere sind mir feindlich, das ist klar, doch unentschlossen, ob sie mich überfallen und töten sollen. Ich schaue mich um: überall lautlose Drohung. Ich sage: Hört zu, ich habe nie einem von euch Böses getan, ich arbeite für den Tierschutz, gegen die Vivisektion, gegen die Vogeljagd, ich trage keinen Pelz, keine Krokodilhandtasche, keine Eidechslederschuhe, ich esse kein Fleisch, ich habe nie ein Tier gequält, schon als Kind nicht, warum also seid ihr mir feindlich?
Es scheint, als hörten sie mir zu, sie bleiben in einigem

Abstand stehen, ich habe Angst, ich schwitze vor Angst, das Zeichen meiner Schwäche, es reizt Tiere zum Angriff, ich weiß das, ich kann es nicht ändern.
Herma! schreie ich, so hilf doch!
Es ist nicht Herma, die hilft, es ist der weiße Hund, der, vor mir hergehend, einen Weg bahnt durch die Herden, einen schmalen Weg zwischen Hörnern, Hufen und Raubtiergebissen. Eine endlose Wanderung, die Zeit steht still, oder wir stehen still, und die Zeit fließt an uns vorbei und hat die Gestalt von riesigen Tierhorden, Rudeln, Raubvogelscharen. Schließlich wird die Gasse zwischen den Tieren breiter und läuft perspektivisch auf einen Punkt zu. Dort erscheint ein Tier, ein mächtiger weißer Widder mit gewundenen Hörnern, ein majestätisches Tier, das mir aber keine Furcht macht. Ist das ein Tier, das auf den Hinterbeinen steht, oder ist es ein Mensch mit einer Tiermaske? Ich erwarte, daß dieses Wesen sprechen wird. Aber es schaut mich nur an mit golden glänzenden Augen. Ich fühle mich unsicher. Erwartet es meinen Gruß? Aber wie grüßt man einen Widder, der vielleicht ein König ist? Ich mache auf jeden Fall eine Verbeugung. Der Widderkönig bewegt ein wenig seinen mächtigen Kopf, aber ich bin nicht sicher, ob das ein Gegengruß ist. Er hat jedenfalls viel Zeit, er bleibt stehen, aufrecht, und so stehe auch ich, Aug in Auge mit ihm, wie lange wohl. Ich begreife: er ist Richter, ich stehe unter Anklage, aber wessen bin ich beschuldigt?
Herma ist nicht zu sehen, aber der weiße Hund steht neben mir. Mein stummer Verteidiger. Kein Laut ist zu hören. Ich schaue in die goldenen Augen des Widders und versuche zu verstehen. Aber allmählich werde ich unruhig, ja zornig. Ist dies nicht ein Tier, und bin ich nicht ein Mensch? Was maßt es sich an, mich zur Verantwortung zu ziehen? Ich bin mir keiner Schuld der Tierwelt gegenüber bewußt.

Oder soll ich auch hier für etwas gestraft werden, was meine Vorfahren taten? Aber was taten sie Böses an Tieren? Ich weiß es nicht.
Allmählich aber weiß ich, was hier von mir erwartet wird. Von den Goldaugen des Widders zu einem Geständnis gezwungen, das mir selbst unbegreiflich ist und das abzulegen mir doch notwendig scheint, sage ich: Ich bin mir keiner Schuld bewußt, aber da ich ein Mensch bin und ein Bürger der Oberstadt und Angehörige einer Familie, und da niemand andrer zugegen ist, bekenne ich mich in aller Namen mitschuldig an allen Verbrechen, welche Menschen an euch Tieren begangen haben.
Indem ich das sage, fühle ich ein ungeheures Gewicht auf meinem Rücken. Es zwingt mich in die Knie. Der Widderkönig hebt seinen Huf. Er wird mich zerschmettern. Ich erwarte den tödlichen Schlag. Ich schaue ihm in die Augen. Das sind nicht die Augen eines Rächers, das sind Augen eines gerechten Richters. Er senkt den Huf und wendet sich zum Gehen. Die Tiere folgen ihm. Einige Augenblicke später ist der große Platz leer.
Ich knie noch immer auf der Erde. Ich bin noch einmal davongekommen. Bin ich begnadigt? Bin ich freigesprochen? Bin ich frei auf Bewährung? Ich will dem Widderkönig, dem Richter, nachlaufen, um Gewißheit zu bekommen. Aber wohin ist er gegangen? Er hat keine Spur hinterlassen.
Warum knie ich eigentlich? Herma, ich habe geträumt, ein großer Widder mit Goldaugen …
Sie unterbricht mich: Du hast geträumt und nicht geträumt. Du hast dich nicht freigesprochen. Du gibst dir eine Bewährungsfrist. Komm, wir haben noch einen weiten Weg.

Aus: Silberschuld, S. 108-112, a.a.O.

Die Vorwegnahme des Friedensreiches

22. Oktober 1983. Friedensfest. Ein Datum. Ein Tag von vielen. Nein. Oh nein. Ein Tag, der mit Gold eingezeichnet ist im ›Buch des Lebens‹. Die Vorwegnahme des Friedensreiches. So kann, so muß es werden. So muß die Geschichte der Menschheit verlaufen. Ich war in Stuttgart bei der Friedenskundgebung, bei der ›Menschenkette‹, die von dort bis Ulm reichte. Wir hatten gefürchtet, wir seien nicht genug Leute, um die 150 km zu füllen. Wir waren mehr als genug.

An einigen Stellen war die Kette doppelt und dreifach. Man sagt, es seien 250 000 Menschen gewesen. Wir probten in unserm Teil schon vorher. Ich war mit in einer Stuttgarter Vorstadt. Dort kam von Zeit zu Zeit die Straßenbahn. Ohne die Händekette zu lösen, wichen wir geschmeidig friedlich aus. Keine Polizei weit und breit. Auf der andern Straßenseite Passanten, Samstagseinkäufe tragend. Interessant ihre Reaktion: einige schauten weg, andre schauten sehnsüchtig zu uns herüber. Betroffen waren alle, so oder so.

Um 11 Uhr schloß sich die Kette Stuttgart-Ulm.

Mir treibt es heute noch die Tränen in die Augen, wenn ich davon rede oder schreibe. Ein Augenblick höchsten Glücks: jetzt! Jetzt geschieht das Wunder. Jetzt sind wir angelangt. Jetzt ist der Gott unter uns erschienen. Jetzt sind wir im Friedensreich. So also ists gemeint, so läuft die Geschichte der Menschheit, so endet sie: im Paradies, im Eins-Sein.

Wenn wir daran glaubten, daß der Geist stärker ist als Waffen! Wir glaubens nicht, das ist das Zeichen unserer Dekadenz, das ist unser Untergang – wenn wir nicht im letzten Augenblick den Mut zum Glauben an die weltverwandelnde Kraft des Geistes finden.

Aus: Im Dunkeln singen, S. 92/93, a.a.O.

Wie eine Flaumfeder

Eine Taube fliegt über den Garten und läßt eine Flaumfeder fallen. Sie schwebt bei völliger Windstille in unvollständigen Kreisen sanft hernieder. Ritzte ihr Weg Spuren in die Luft, so ergäbe es eine Silberspirale. Wie langsam, wie still diese Herabkunft vor sich geht. Unendliche Beruhigung. Die sanfteste Ablösung, die stillste Heimkehr, der flaumleichte Tod.

Aus: Grenzübergänge. Tagebuch-Notizen, S. 292, a.a.O.

Lichter in dunkler Nacht

Ich arbeite mit Worten

Sprache ist mein Arbeits-Werkzeug. Ich arbeite mit Worten. Aber was ist das eigentlich: ein Wort? Vor tausend Jahren haben sich die Philosophen-Theologen darüber gestritten, was zuerst da war: das Wort oder das dazu gehörige Ding. Gott sprach: Es werde Licht! Und da war das Licht. Aber das Nacheinander existiert nur in unserer Vorstellung. Gott sprach das Licht. Das Wort ist das gemeinte Ding. Manchmal gerate ich in Verzückung beim Aussprechen eines Wortes. Ich sage »Blüte«, und schon stürzt eine Welt von Blüten auf mich zu und füllt mich aus. Oder ich sage »Licht«, und ich finde mich in einem Strom von Licht. Oder ich sage »Engel«, und ich fühle seine Nähe.

Schwierig wirds nur bei dem Wort Gott. Ich fühle einen starken Widerstand, dieses Wort zu gebrauchen. Ich nehme es als Notbehelf. Rahner sprach vom dunklen Geheimnis. Ich habe früher statt »Gott« gesagt: *Er*, oder, noch besser: *Es*. Ich vermeide es, über das zu reden, was man Gott nennen will. Darum lehne ich die Theologie ab, die nicht auskommt ohne dieses Wort. Einmal fragte mich jemand hartnäckig nach Gott. Was ist das, wer ist das, wie ist er. Ich sagte: Warst du schon einmal verliebt? Ja natürlich. Und hast du da gefragt: Was ist Liebe? Nein. Du hast geliebt und dann hast du gewußt, was Liebe ist. Da war keine Frage mehr, da war nur die Liebe. Du hast geliebt, und da *war Es*. Du weißt nur, was du lebst. Liebe! Dann weißt du, was Liebe ist. Und dann weißt du auch, was

oder wer oder wie Gott ist. Er ist Liebe. Du kannst auch sagen: Er ist Licht. Oder: Er ist Musik. Wie immer du ihn nennst: er ist namenlos.
Die große namenlose Leere, das *ist Gott.*

Ich kann die Wirkung meiner Bücher nicht kontrollieren, natürlich. Was die professionellen Kritiker schreiben, ist in dieser Hinsicht gänzlich belanglos. Sie können ein Buch verreißen, und dann kommen Leserbriefe, in denen mir berichtet wird, daß die Lektüre eines der verrissenen Bücher Selbstmorde verhindert hat, oder Menschen wieder zum Glauben an einen Sinn des Lebens gebracht hat, oder daß es Verzweifelten Hoffnung brachte. Das ist natürlich weit wichtiger als Lob und Tadel der Kritiker. Ich schreibe aber nicht um irgendeiner Wirkung willen. Ein Bäcker backt Semmeln und will nichts anderes, als gute Semmeln backen, die gegessen werden. Ich schreibe ein Buch und will nichts als ein gutes Buch schreiben, das gelesen wird. Manchmal schreibe ich eines, von dem ich weiß, daß es kaum gelesen wird, weil es unbequem und befremdend ist, so mein vorletzter Roman »Silberschuld«.
Leid tut es mir, daß meine Bücher nicht von Arbeitern gelesen werden. Überhaupt lesen mehr Frauen als Männer. Nicht nur meine Bücher. Aber das eingewurzelte Vorurteil der Männer gegenüber weiblichen Autoren besteht immer noch.
Was mich immer wieder erstaunt, ist meine Wirkung auf junge Menschen. Zu meinen Lesungen kommt viel Jugend, und unter den Leserbriefen sind mindestens die Hälfte von jungen Menschen. Meinen Roman »Nina« schrieb ich 1949. Er war sofort ein Erfolg und er blieb es durch vier Jahrzehnte, er wird heute noch und immer wieder gelesen, jetzt von der dritten Generation. Was die jungen Menschen

daran interessiert, ist die Darstellung dessen, was man mit einem Modewort »Selbstfindung« nennt. Nina ist ein Mädchen, das sich aus den Fesseln der bürgerlichen Konventionen befreit.

Zu mir kommen viele junge Menschen, ratsuchend. Ich erfahre immer wieder mit Staunen, daß sie sich von mir verstanden fühlen. Einmal kam eine oberbayerische Schulklasse, achtzehnjährige Oberschüler, mit zwei Lehrern. Die Schüler waren darauf vorbereitet, mir Fragen zu stellen. Eine der Fragen war: »Aus welcher Quelle schöpfen Sie Ihre Kraft.« Aus dem vorhergehenden Gespräch konnte ich schließen, welche Antwort sie erwarteten. Aber eben die wollte ich ihnen nicht geben, denn es wäre eine Klischee-Antwort gewesen. Da sagte ich dann etwas, was wirklich aus meiner ureigenen Erfahrung kam. Ich sagte: »Meine Antwort ist etwas schwierig. Sie wird Euch überfordern. Aber versucht, etwas daraus zu machen. Es ist ein Satz aus der fernöstlichen Welt. Er heißt: »Ich schöpfe Wasser, ich trage Holz. Wie wunderbar.« Ich sah, daß die Lehrer verständnislos schauten. Aber die jungen Leute riefen mir sofort Antworten zu: Es ist schön, daß es Wasser gibt, daß man es schöpfen kann, daß es Holz gibt, daß man es holen kann, daß es Dinge wie Holz und Wasser gibt, daß man etwas damit tun kann, daß sie für uns da sind ... Und so fort. Das war die rechte Antwort. Die Ergänzung dazu gab ich: Daß man *jetzt* Wasser schöpfen, *jetzt* Holz holen kann. Das *jetzt* ist wichtig, das Leben im *Jetzt*. Es gibt nichts anderes als das *Jetzt*. Im *Jetzt* ist Vergangenheit und Zukunft. Das *Jetzt* muß man leben. *Jetzt* muß man handeln. Im *Jetzt* treffen wir das, was wir Gott nennen. Im *Jetzt* sind wir beisammen, im *Jetzt* ist ein Abglanz der ewigen Harmonie bei uns. So ähnlich redete ich mit ihnen. Und sie verstanden mich. Wie sehr sie verstanden, sah ich daran, daß zwei mich böse anschauten: sie verstanden nichts, denn sie wollten nicht verstehen. Sie fanden es »zu hoch« und zu wenig konkret und zu wenig politisch. Diese Reaktion war mir wichtig. Alles in allem war es ein wunderbarer Nachmittag. Die Lehrer selbst waren erstaunt, was da aus ihren Schülern aufbrach. Immer wieder sagte ich: In unserer Jugend ist viel mehr an spirituellem und religiösem Potential als man ihr zutraut und als man erwartet.

Erstveröffentlichung aus einem Gespräch 1992, a.a.O.

Der brennende Engel

Zu Weihnachten spielten wir Schulkinder ein Krippenspiel, öffentlich, im Wirtshaussaal, und einmal war ich ein Engel, ich trug das lange Haar offen und hatte ein rosa Gazegewand an mit langen weiten Ärmeln, die Feuer fingen, als ich einer Kerze zu nahe kam, ich brannte sofort lichterloh, alle schrien, mein Vater warf einen Teppich über mich und erstickte die Flammen. Der brennende Engel. Er trug nicht die kleinste Verbrennung davon. Der Feuersalamander, die Jünglinge im Feuerofen.
Alles, was die spätere Autorin in der Jugend aufgeschrieben hat, vernichtete sie. Vermutlich ists nicht schade darum. Aber jene Geschichte »Auf dem Dach der Welt« hätte sie gerne noch; sie handelte von einer Gruppe junger Menschen, die, der Gesellschaft ihrer Zeit (1930) müde, sich aufmachen, um in Asien, im Himalaja, in Tibet, eine Kommune oder Kommunität zu gründen und ein Leben der Sammlung, der Armut, der Reinheit zu führen. Das schrieb sie lange vor der Indienmode. Sie wußte

nicht, daß Hermann Hesse schon in Indien gewesen war (in Ceylon, in Tibet nicht), um ein »anderes Leben« kennenzulernen. Wie kam sie dazu, derlei zu schreiben? Es ist ganz sicher, daß sie damals kein Wort darüber gelesen hatte. Es war ihr ureigener Einfall, ihre ureigene Sehnsucht nach dem Ausbruch, nach dem Aufstieg. Das Dramenrestchen der Fünfzehnjährigen ist aufschlußreich: ein Mädchen wandert im Gebirge, und auf dem steilen Höhenweg begegnen ihr Gestalten, die versuchen, sie vom Aufstieg abzubringen: sie bieten ihr Reichtum an und Ruhm und behagliches Leben, und sie schrecken sie durch »Nebel des Zweifels«, durch »den Hagel der Enttäuschungen«, durch die »Stürme der Leidenschaft«. Von welchen Zweifeln, Leidenschaften und Enttäuschungen wußte die Fünfzehnjährige? Alles nur Vorwegnahmen, Möglichkeiten.

Auch der Gedanke des Aufstiegs war eine Vorwegnahme, ein Vorwissen ihres geistigen Wegs. Der Aufstieg, der eigene und jener der Menschheit, blieb das Grundthema ihres Lebens und darum ihre Arbeit. Auch in ihren frühen Gedichten taucht es auf. Unter einigem Unzulänglichen findet sich ein Gedicht, 1934 entstanden, das später, 1939, in der »Neuen Rundschau« gedruckt wurde. »Die Stimme« spricht zu dem Mädchen (damit endet das Gedicht):

Verwehrt ist der Pferch dir
Und das gewohnte
Süße Tal der Nahrung.
Sieh dort
Das Verworfene des unfruchtbaren
Des unaufhörlichen Gebirgs.
Erstarrt dein Blut?
Dort weide
Denn dort
Bin
Ich.

Sie schrieb das, von einem langen Abendgang heimkehrend, in stiller Ekstase nieder. Was war ihr begegnet? Erst viel später wird sie verstehen, was oder wen sie mit diesem *Ich* meinte.

Aus: Den Wolf umarmen, S. 13-15, a.a.O.

Wirbel von Licht und Schwärze

Wir hatten ab der drittletzten Klasse Geschichte der Pädagogik. Wir hatten das Unglück, einen nicht nur in Philologie, sondern auch in Philosophie graduierten Lehrer zu haben, Döllgast mit Namen. Ein Unglück, sagte ich, nämlich eines für die Klasse: er sprach zu uns, als seien wir Philosophie-Studenten im letzten Semester. Er sprach über die Mädchenköpfe hinweg, da kam nichts an. Das Unglück der andern war mein Glück: er sprach über genau das, was ich wissen wollte, wonach ich hungerte: über die großen Zusammenhänge, über den Sinn des Lebens. Seine Philosophie galt mir als Theologie. Ohne von Gott zu reden, sprach er ohne Unterlaß von ihm.

Während meine Mitschülerinnen unter der Bank oder auch offen Romane lasen oder auf die nächste Stunde sich vorbereiteten, hatte ich große Epiphanien. Die erste geschah mir, als der Professor über Amos Comenius sprach als von einem wichtigen Mann, wichtig für die moderne Pädagogik, und als er dabei, vielleicht nur flüchtig, etwas über seine Philosophie sagte. Ich habe über Comenius seither nichts gelesen, und als ich eben in meinem philosophischen Wörterbuch nachschlug, fand ich da nichts über ihn, und im theologischen Lexikon steht, dieser Comenius, Komensky eigentlich, sei aber immerhin der Begründer eines neuen Bildungsdenkens, und er sei von seiner Pansophia her zu verstehen. Nichts weiter. Nur Hinweise auf Sekundärliteratur. Und was war er *mir*!
Was immer der Professor über ihn gesagt haben mag: mir blieb als Essenz die Idee der Entsprechung von Makrokosmos und Mikrokosmos: daß das, was »oben« ist, auch »unten« sei, und das, was »außen« ist, auch »innen« sei. Und plötzlich *sah* ich das Ganze der Welt. Ich *sah* die Harmonie der Welt, die durchgehende Ordnung, das Gesetz, nach dem Sternenbahnen, Kristalle, Atome sich richten, ein mathematisches Gesetz. Die Zahl als Ordnungsmacht.
Während meine Mitschülerinnen sich langweilten, *hörte* ich die Musik der Welt, die Sphärenmusik.
Meine Fähigkeit, das »Abstrakte« zu *sehen* und zu *hören*, hat mir geholfen, schwierige philosophische Aussagen zu begreifen. Sie hat mir sogar zu meiner Mathematik-Eins in der Schule verholfen: ich konnte mir zum Beispiel komplizierte Kegel-, Pyramiden- und Kugelschnitte einfach »vorstellen«, und chemische Vorgänge, die nur im Ergebnis sichtbar wurden, konnte ich mitvollziehen, als sei ich im Spiel der Atome. Und darum ist mir auch »Gott« nie ein Abstraktum gewesen, sondern eine Wesenheit, die mit den

inneren Sinnen wahrnehmbar ist. Ich meine nicht so etwas wie »Visionen«, ich meine Erfahrungen ganz normaler Art, die nur auf anderem Erkenntnisweg einem zukommen. Es hat mir nie Schwierigkeiten bereitet, zu glauben, daß wir gleichzeitig in zwei Welten leben, die beide wirkliche Wirklichkeiten sind. So sehe ich unsre Erde bevölkert von Menschen, Tieren, Ideen, Engeln und den »Seelen« der Dahingeschiedenen. Das alles lebt miteinander und durchdringt sich und ist ein ungeheurer Reichtum, und gegen die Erfahrung dieser bedrängend herrlichen Zweiwirklichkeit erscheinen mir alle PSI-Erlebnisse ein wenig dilettantisch und materialistisch.

Die zweite Epiphanie, die ich dem Professor Döllgast verdanke, geschah mir, als er von Nicolaus Cusanus sprach und von der »coincidentia oppositorum«, dem Zusammenfallen aller Gegensätze in Gott. Die Wahrheit dieses Satzes fuhr wie ein Blitz in mich und entschied über mein Leben. Immer wieder kam ich, wenn ich mich in Denkprozesse verstrickte, die zu widersprüchlichen Ergebnissen führten und mich zur Verzweiflung brachten, zu Cusanus zurück: es gibt keine Gegensätze in der Welt, es gibt keine Widersprüche, wir sind es, die sie schaffen; es gibt nur Polaritäten, der Tag ist nicht Tag, wenn es keine Nacht gibt, das Leben ist nicht Leben, wenn es nicht den Tod gibt, eins ist im andern eingeschlossen, eines wird zum andern, alles wandelt sich, das Bleibende ist der Wandel. Kühn zog ich daraus den Schluß, daß auch das Gute nicht sei ohne das, was wir das Böse nennen, und daß Gott nicht sei ohne den Teufel. Einmal *sah* ich das Universum als einen ungeheuren Wirbel von Licht und Schwärze, und das war Gott.

Aus: Den Wolf umarmen, S. 143-145, a.a.O.

Dafür also bist du gestorben

So also lief unsre Sache weiter. Dafür also bist du gestorben, Rabbi. Frieden wolltest du bringen. Krieg hast du gebracht. Gewaltloser du. In deinem Namen morden sie. Licht wolltest du bringen auf diese Erde. Die Schatten der Unterwelt haben sich wie schwarze Trauben an dich gehängt, daß dir der Wiederaufstieg nicht gelang. König der Unerlösten du.

Ich schrie. Ich schlug meinen Kopf an den Felsen und ersehnte den Tod. Worauf noch warten? Wieviel Zeit war vergangen seit Jeschuas Tod? Nicht mehr nach Jahren zu zählen. Und wieviel Zeit lag noch vor uns, ehe Jeschua wiederkommen sollte, wie ers versprochen hatte?

Glaubte ich denn noch ans verheißene Friedensreich, oder hielt ich mich nur fest an diesem Glauben, weil ich ohne ihn ins Leere stürzen würde? Das Rad drehte sich und drehte sich und brachte nichts Neues und tauchte immer tiefer ins Dunkel, und keiner war da, das Drehen und Sinken aufzuhalten.

Da hörte ich eine Stimme: Mirjam!

Ich zog mich ins Höhlendunkel zurück. Ich kannte die Stimme. Ich wollte sie nicht hören.

Mirjam!

Die Höhle wurde hell, aber es war niemand da außer mir. Täuschung, Wunschtraum, Angsttraum.

Mirjam!

Zum dritten Mal. Jetzt endlich tat ich den Mund auf: Rabbi! und ich begann zu zittern.

Du willst mich verlassen, Gefährtin? Du willst abspringen vom Rad, hinein in die selige Leidlosigkeit, während ich das Gewicht der Erdenmaterie hinaufzuziehen mich abmühe? Du läßt mich allein? Du verläßt den Platz unterm

Kreuz, an dem ich hänge? Was quälst du dich ab mit der Frage: Wo ist das Friedensreich? *Ich bin* das Friedensreich!
Mag sein, sagte ich. Aber wir merken davon nichts. Wo ist der verheißene Friede?
Denkst du immer noch in Jahrhunderten? Denk in Jahrtausenden. Das Werk der Befreiung hat erst begonnen. Der Aufstieg der Menschheit dauert sehr lange, Mirjam!
Die Menschheit versucht ihn schon so lang, Rabbi!
Lang? Der Mensch ist jung auf dieser Erde.
Jung? Wir Juden sind ein altes Volk, ein uraltes.
Es gibt ältere. Und alle sind Kindervölker. Sie proben das Leben und den Aufstieg.
Ich sehe Abstieg, Rabbi.
Was du als Abstieg siehst, ist Durchgang.
Du bist geduldig, Rabbi.
Meine Liebe ist geduldig. Hochreißen möchte ich den Menschen, bis in die Sphäre des Höchsten möchte ich ihn ziehen mit der Macht meiner Liebe. Dorthin muß er gelangen, denn von dorther stammt er. Mirjam, du wirst den Aufstieg leisten, die Menschheit wird ihn leisten, und du wirst bleiben, bis er geleistet ist und das Friedensreich sich gründet.
Dann schwieg die Stimme, und das Licht erlosch. Langsam erlosch es, um mich nicht zu erschrecken mit plötzlicher Dunkelheit. Dies aber war das letzte Mal, daß mir vergönnt war, das Licht zu schauen und nicht nur die Schatten auf der Höhlenwand.
Karg hielt mich mein Geliebter, und streng nahm er mich beim Wort: Ich brauche keine Wunder und keine Gesichte, um an dich zu glauben, Rabbi!
Die Dunkelprobe, der Nachtweg, die Blindheit.
Doch wenn das Dunkel am schwärzesten ist und der Pfad sich verliert, dann ist er nahe, der Gott, doch wie beim

irrenden Odysseus nimmt er die Gestalt eines Menschen an, denn nur als Mensch kann der Gott dem Menschen helfen.
So bleibe ich denn, und bin nichts mehr als das Warten auf das Friedensreich.

Aus: Mirjam, S. 330-332, a.a.O.

Franziskus heute

Aber wie wäre Franziskus und was täte er, wenn er *heute* lebte? Wäre er ein Mönch in einem strengen Orden? Lebte er in einem buddhistischen Ashram? Wäre er ein Politiker, in welcher Partei wäre er, in der christdemokratischen, der sozialistischen, der kommunistischen? (Jede ist denkbar, nur nicht die faschistische.) Wäre er einer der »Maharishis« und »Gurus« aus Indien, mit Tausenden von Anhängern und mit steinreichen Gönnern hinter sich? Wäre er Entwicklungshelfer in einem Land der Dritten Welt? Wäre er Arzt im Urwald, wäre er Lepra-Pfleger bei den Verlassensten? Wäre er Arbeiterpriester, lebte und arbeitete er zusammen mit anderen Arbeitern in einer Fabrik oder einem Bergwerk? Wäre er unter dem Hitler-Regime mit den Juden in eines der Vernichtungslager gegangen? Hätte er, wie der katholische Priester Kolbe, sein Leben angeboten, um damit das eines Familienvaters zu retten? Wäre er Pfarrer oder Psychologe bei jugendlichen Kriminellen in einem Gefängnis? Wäre er Sozialhelfer in einer Obdachlosensiedlung? Ich fragte neulich einen mir zufällig begegnenden fremden Franziskaner, was seiner Meinung nach Franziskus heute wäre. Der Pater sagte ohne zu zögern: »Er wäre Journalist und schriebe über alle Nöte der Unterdrückten, wo auch immer, oder er wäre Armen-Anwalt; auf jeden Fall stünde er mitten im Leben und wäre voller Mit-Leid und Tatkraft.« Ich meine aber, er wäre mehr als das: er wäre, was er war, nämlich ein glühend Frommer, ein Gott-Verbundener, ein »Heiliger«. Und damit würde er viele schockieren, so wie er's in seiner Zeit tat. Er tat nämlich viel mehr Schockierendes, als ich erzähle. Aber die Szene, da er im Rathaus sich splitternackt auszog und seine Kleider dem geizigen Vater vor die Füße warf, die ist wirklich so gewesen. Anderes, ebenfalls historisch Bezeugtes, schrieb ich nicht auf, weil es allzu bestürzend ist.

Heilige sind religiöse Genies und sind darum schwer zu begreifen.

Da ich Franz so darstelle, als lebte er heute, habe ich auch eine in unsere Zeit passende Form und die nüchterne Sprache eines skeptischen Zeitungsreporters gewählt. Im ganzen versuchte ich etwa das zu tun, was ein Pop-Musiker tut, wenn er eine Partita von Bach für unsern heutigen Geschmack ändert: die Partita bleibt, aber sie klingt anders, da neue, elektronische Instrumente verwendet werden und der Rhythmus ein anderer ist. Man kann also sagen, ich habe eine Verpoppung der Geschichte des Franziskus von Assisi versucht.

Übrigens starb Franziskus ziemlich jung, er war erst zweiundvierzig Jahre alt. Er war immer jung, denn Jungsein bedeutet: die »Erstlingsliebe« bewahren, den großen Schwung der Hoffnung und Liebe, der einen Menschen fähig macht zu fliegen, während die Immer-Alten mühsam und verbittert auf der Erde kriechen.

Franziskus ist der Heilige der jungen und der sich immer wandelnden Menschen.

Aus: Bruder Feuer, S. 12/13, Vorwort, a.a.O.

Fließendes Licht

Kapuziner-Predigt. Früher waren sie gefürchtet, die Kapuziner, wenn sie als Missionare predigten und den frommen Zuhörern ihre Sündenverderbnis und die Qualen des Höllenfeuers mit so wüster Breughelscher Realistik darstellten, daß man schlaflose Nächte bekam, wenn mans ernstnahm. (Ich tats nicht.) Da sprach nun gestern einer hier im Fernsehen (RAI). Ich glaube, es war ein Franziskaner. Ich hatte zufällig aufgedreht und wollte schon weiterdrehen, als mich ein Satz festhielt: »Im Anfang war das Wort. Was aber heißt das?« Ich war sofort hellwach gespannt. Was für ein schwieriges Thema hatte sich der Mann ausgesucht für ein Durchschnittspublikum! Wie erklärt er diesen großen mystischen Satz, mit dem das Johannes-Evangelium beginnt? Versucht er überhaupt, ihn zu erklären? Er versucht es tatsächlich, und er tut es mit intellektueller und rhetorischer Bravour. Er sagt: »Ich habe in mir die Idee Licht.« (Er zeigt sich damit sofort als Platoniker.) Er fährt fort: »Ich denke es als Wort, nämlich als das Wort Licht. Ich spreche dieses Wort jetzt aus. Es kommt zu euch. Es kommt zu jedem Hörer, und jeder nimmt es an auf seine eigene Weise. Nun ist das Wort Licht in vielen. Aber es ist auch weiterhin in mir. Es ist immer dasselbe *eine* Wort, in vielen Hörern auf verschiedene Weise lebendig.«
Da ich unbedingt die politischen Nachrichten hören will, schalte ich auf einen anderen Kanal um. Aber die Worte des Predigers bleiben in mir, und ich denke sie später weiter. Er hätte sagen können: »Ehe ich das Wort Licht aussprach, gab es das Licht, und Wort und Licht waren *eins*, und als das Wort Licht ausgesprochen wurde, kam das Licht in die Welt ...«
Ich lese wieder und wieder den Anfang des Johannes-Evangeliums und denke: Haben wir je verstanden, was da gesagt

wird? Gott ist Licht, indem er das Wort Licht spricht, und er bleibt *Das Licht*, und wir werden Licht von seinem Licht, und alles Licht ist das *Eine*, und es gibt kein andres Licht als das, was wir Gott nennen, weil wir in unsrer Menschensprache kein Wort haben, das ihn aussagt. »Licht«, das ist das Wort, das ihm am entsprechendsten ist, denn Licht heißt auch Leben und Energie. »Fließendes Licht« sagte Mechtild von Magdeburg. Lassen wir doch das Wort »Gott« fallen, es ist eine leere Hülse geworden, es bezeichnet etwas Statisches, »der Weltgeist« aber ist Bewegung, Energie, Wandlung. Nennen wir das eigentlich Unnennbare lieber: Fließendes Licht.

Aus: Wachsender Mond, S. 225/226, a.a.O.

Wohin gehen die Dinge, wenn es dunkel wird?

»Eingebung«. Ich war schon eingeschlafen, da weckte mich etwas, und ich »hörte« (oder besser: erfuhr) den Satz: »Es gibt nicht ein Diesseits und ein Jenseits, es gibt nur eine einzige Welt. Ob wir sie als diese oder als andere erfahren, hängt von unserm Standpunkt ab.«
Schlaftrunken mache ich Licht, suche nach einem Stück Papier und notiere diesen Satz wie unter Diktat. Dann schlafe ich weiter. Am Morgen finde ich das Geschriebene, und, als träumte ich weiter, denke ich (besser: denkt es in mir): Dann kann ich mich auch weigern, in Raum und Zeit einzutreten, und ich kann mich fürs Jenseits entscheiden, ohne das sogenannte Diesseits zu verlassen.
Aber was heißt denn das? Hat es zu tun mit der physikalischen These, daß die Elementarteilchen einmal Materie einmal Energie sind, je nach der Frage, die der Beobachter an sie stellt? Hat es zu tun mit der coincidentia oppositorum:

daß alles, was als Gegensatz erscheint, in Eins zusammenfällt? Hat es zu tun mit meiner Meinung, daß die Wesenheit, die wir Gott nennen, sowohl statisch wie dynamisch ist, und sowohl im Menschen als außerhalb seiner, und daß »Gott« jeweils das ist, wovon wir wollen, daß er es sei? Läuft es auf Schopenhauers ›Welt als Wille und Vorsehung‹ hinaus und auf die Kinderfrage: Wohin gehen die Dinge, wenn es dunkel wird und ich sie nicht mehr sehe? *Ist* »Etwas« oder ist »Nichts«? *Bin* ich Ich oder bin ich nicht Ich? *Bin* ich überhaupt?

Und hundert andre Fragen. Der Traum-Satz hatte offenbar die gleiche Funktion, welche der Finger hat, der die erste von vielen an einem Querbalken aufgehängten Kugeln anstößt, wodurch eine Kugel die andre berührt und eine unendliche Wellenbewegung bewirkt. Vielleicht war der Traum-Satz ausgelöst durch meine Frage im Wachen, »wohin« denn meine Freunde gingen, als sie starben. Sind sie aus meiner Zeit, der Zeit überhaupt, fortgegangen, als sie aus unserm Raum fortgingen? Sie leben doch, o ja, das ist mir Gewißheit. Aber: hängt es von mir ab, sie zu finden? Wenn ich Zeit und Raum als relativ nehme oder als überhaupt aufhebbar, dann muß ich, um sie zu finden, einen andern Bewußtseinsstand einnehmen. Und das wäre dann entweder in der Hypnose oder bei magischen Riten oder im Traum. Ja, das ist's. So ist es.

Eine der nachfolgenden Fragen: Warum eigentlich bestehen die christlichen Theologen so streng auf der These, Gott sei eine »Person«? Warum legen sie ihn und sich auf etwas fest, was doch gar nicht in Begriffe einzufangen ist? Gott ist Person, Gott ist Energie, Gott ist unendliche Bewegung. Er ist *das Sein.*

Aus: Wachsender Mond, S. 43/44. a.a.O.

Eine Welle von Freude

Karsamstag. Was für ein Tag. Ein Tag ohne Eigenschaften. Grau in Grau. Kein Windhauch. Stagnierende Zeit, Unzeit, Untag, nicht zu sich selber kommend. Der unerlöste Tag. Todesbangen. Grabesruhe. Angehaltener Lebensatem. Der schlafende Gott. Versuch der Meditation über die »Auferstehung«: der materielle Leib im Grab. Die häretische Vorstellung vom »scheintoten« Christus: er ist nicht tot, er schläft, er verwandelt sich, seine materielle Form wird zu dem, was vorher *da* war seit Ewigkeit: Geist. Einmal auf diese Weise verwandelt, kann sich der Geist wieder materialisieren: Thomas kann ihn berühren, Maria von Magdala ihn sehen und hören, die Jünger können ihn durch verschlossene Türen ein- und ausgehen sehen. Der Geist ist seiner selbst mächtig, da ihn die Materie nicht mehr hält. Der Heisenbergsche Satz: Materie ist Geist, der sich als Materie zeigt.

Im Felsengrab blieb nichts übrig von der Materie des Leibes Jesu. Ist das möglich? Doch, ja: wenn ein Mensch vom Wesen her ganz und gar Geist ist, so bleibt bei der Umwandlung der Materie kein Erdenrest. Unsereiner, so sehr Materie noch, kann so gründlich und so rasch nicht verwandelt werden. Aber die Verwandlung geschieht! Askese war von alters her das Mittel, diese Umwandlung zu beschleunigen.

Dies alles bedenkend, fühle ich, wie mich plötzlich Freude überfällt. Eine Welle von Freude.

Aus: Winterfrühling. 1979-1982, S. 78/79, a.a.O.

Der Balance-Akt

Zu sehen, daß es Leid gibt in der Welt, muß uns tief stören; aber es muß uns auch erfahren lassen, daß wir helfen können, daß geholfen wird (wenn auch unzulänglich) und daß es also Liebe gibt, die hilft, und Hoffnung, die Hilfe erwartet. Natürlich – am greifbaren Erfolg gemessen, tun wir nichts als Sisyphus-Arbeit; der mühsam gestemmte Stein rollt, so scheint es, immer wieder zurück. Aber zu meinen, er rolle ganz zurück, oder zu glauben, er sei doch ein winziges Stück höher geschoben worden, das eben macht den Unterschied zwischen einem Unwissenden und einem Wissenden. Ich meine mit »Wissen« dies: daß selbst dann, wenn der materielle Stein, den wir hochstemmen, wirklich sich gar nicht bewegte, wir dennoch den Geist (das Bewußtsein) höher entwickelt haben. Dies zu glauben macht eben den »Gläubigen« aus, den religiösen Menschen, der mit anderem Maß mißt. Wenn ich also sage, man muß mit anderen leiden, so daß einem das eigene (relative) Glück verleidet wird und wenn ich sage, man müsse jeden Augenblick zu einem glücklichen machen, so ist das kein Widerspruch. Ganz simpel gesagt, ist es einfach so: wenn einem zwischen vielen Traurigkeiten ein heller Augenblick geschenkt wird, soll man dafür danken und ihn ergreifen. Es ist ein radikaler Unterschied, ob jemand einfach so träge zufrieden vor sich hin lebt und nie leidet und nie leiden will, oder ob einer das Leiden kennt und immer wieder am Null-Punkt steht, von dem aus er sich zum Dennoch-Dankbarsein entschließt. Die Null-Punkte entscheiden, die Konversionen, die »Metanoia«. Ist man im Glück, muß man für den Schmerz des Mitleidens bereit sein. Ist man im Leid, muß man für den Trost und das Glück bereit sein. Ist man im Leid, muß man für den Trost und das

Glück bereit sein. »Alles fließt.« Nur keine Festlegungen! Auch mich dürfen Sie auf nichts festlegen – außer auf einen Satz, der heißt: Ich hoffe.
Der Satz gilt so wie er da steht. Er heißt nicht, ich hoffe, daß … Nicht einmal: ich hoffe auf … Er heißt einfach: Ich hoffe. Das ist die Haltung des nicht festgelegten, des lebendigen Menschen, der dem Göttlichen Raum gibt, sich zu entfalten. Seien Sie sicher: meine Hoffnung ist genau so bedroht wie die Ihre, genau so nahe der Verzweiflung. Hoffnung ist eben der Balance-Akt auf dem hohen Seil ohne Netz. Aber Seiltanzen ist schön.

Aus: Hochzeit der Widersprüche, S. 34/35, 1973 R.S. Schulz, Percha – vergriffen – mit freundlicher Genehmigung der Autorin

Eine windgeschützte Stelle

Ach, sagte sie, du verstehst mich schon. Ich wünsche mir ein einfaches Leben, ganz klar geordnet, mit bestimmten sauberen Grenzen, gleichmäßig, ohne größere Gefahren. Jetzt lachst du mich einfach aus.
Ja, sagte ich, jetzt lach ich dich aus, weil du dir das ja gar nicht wirklich wünschst.
So, sagte sie aufsässig, weißt du das so genau? Glaubst du denn nicht, daß ich es auch einmal satt haben könnte, immer so zu leben wie ein … ach, ich weiß nicht, wie ein Hase, über dem der Bussard kreist, Tag und Nacht?
Ehe ich etwas erwidern konnte, sagte sie leise: Aber du hast ja recht, ich will es nicht anders, und ich will auch mit niemand tauschen.
Sie legte flüchtig ihre Hand auf meinen Arm, eine scheue, aber zärtliche Gebärde, die ich schon mehrmals an ihr

bemerkt hatte. Es klingt verrückt, sagte sie, aber es ist so: es gibt mitten im Schmerz eine windgeschützte Stelle, an die der Schmerz nicht gelangt, so heftig er auch ist, und an dieser Stelle sitzt eine Art von Freude, oder vielleicht nenne ich's besser triumphierende Zustimmung. Ja, sagte ich, das weiß ich.
Sie sah mich erstaunt an: Woher willst du das wissen? Du kennst mich doch kaum.
Doch, ich weiß das. Ich spüre das, diese Unverletzbarkeit deines Wesens.

Aus: Mitte des Lebens, S. 70, a.a.O.

Solange es solche Hände gibt

Hände. Ein Leser schickt mir eine Bildkarte, die jetzt ihren Platz auf meinem Schreibtisch hat. Ich schaue sie an, wenn meine Liebe zu den Mitmenschen sich verdunkelt. Ein Farbfoto, Ausschnitt aus der Aufnahme eines Händepaars. Diese Hände sind verarbeitet, schrundig, erdverkrustet. Schwere, ungefüge Hände. Männerhände, Bauern- oder Arbeiterhände, gewöhnt an harte Arbeit mit grobem Werkzeug. Jetzt halten sie mit unendlicher Behutsamkeit etwas Winziges: ein Stengelchen mit rosa Blütenglöckchen, vielleicht die Blüte der Moosbeere oder einer Art Heidekraut. Die linke Hand bildet eine Schale, das winzige Ding zu beschützen, wie man eine Kerzenflamme vor dem Wind schützt. Eine mütterliche Geste. Solange es solche Hände und solche Gesten gibt, kann die Menschheit nicht verloren sein.

Aus: Im Dunkeln singen. 1982-1985, S. 243/244, a.a.O.

Mein nächtlicher Besucher

Nächtlicher Besuch. Der Hund schlägt an und läuft zur Haustür. Vor der Tür spricht jemand. Ich denke, es ist mein Hausmeister, der mein Telefon benützen will. Andre Leute kommen nicht zum verschlossenen Tor herein. Ich antworte italienisch, aber die Antwort kommt in Deutsch. Ich öffne einen Spaltweit. Ein großer junger magerer Mensch mit nichts als einem jener altmodischen schwarzen Geigenkästen, die wie Kindersärge aussehen. Ein wirres Gespräch. Wie kommen Sie überhaupt herein, das Gartentor ist verschlossen. Ich bin darüber geklettert, ich bin draußen eingeschlafen, jetzt friere ich. Ja, aber jetzt ist Mitternacht oder später, ich kenne Sie nicht, Sie können ein Terrorist sein oder ein Räuber. Er lacht. Er sieht nicht so aus, ganz und gar nicht. Nun gut, ich lasse ihn im untern Zimmer schlafen, bringe ihm Handtuch und Seife, zu essen und zu trinken, und schüttle den Kopf über mich. Was für ein Leichtsinn. Aber wieso bin ich plötzlich so freudig? *Wer* ist der Fremde? Ganz gleich, wer er ist; es ist immer nur der *Eine*, der um etwas bittet. Es ist zwei Uhr nachts.

Am Morgen gemeinsames Frühstück. Erklärung: er hat Frau und zwei Kinder, hat Architektur studiert, will das Experiment wagen, eine Reise zu machen ohne Geld, ohne Ziel. »Reise jenseits von Raum und Zeit«, nennt er es (Fritjof Capra zitierend, aber schief interpretierend; meinetwegen, ich verstehe, was er meint).

Er kam aus der Gegend von Marburg mit Autostop, ohne daß er je das Zeichen für »Anhalter« gab. Er setzte sich einfach an den Straßenrand und überließ sein Schicksal »Gott«. So kam er bis Florenz. Dort schlief er eine Woche in einem wilden Weinberg. Für sein Geigenspiel bekam er vom Bauern zu essen und von Touristen Geld. Er spielte immer wieder das einzige Stück, das er gelernt hatte: Beethovens Violinkonzert. (Ich bat ihn nicht, es mir vorzuspielen, aus Angst, etwas peinlich Dilettantisches hören und loben zu müssen.)

Eines Morgens ging er fort, seinen Rucksack im Weinberg lassend. Wohin nun? Er folgte Straßenschildern und Verkehrszeichen. War die Ampel grün, ging er über die Straße. Zeigte ein Schild nach rechts, ging er nach rechts. Schließlich sah er auf dem Boden ein altes Blechschild. Roma. Also nach Rom. Wieder den Verkehrszeichen nach. Sozusagen blindlings. Bis zur Autostrada del Sole. Ein Auto hielt, eine Engländerin nahm ihn mit bis Rom; mit ihr redete er über Mystik. Sie verstanden sich. In Rom dachte er an mich. Es war Abend. Er hatte kein Geld für Metro oder Bus. Also zu Fuß. 22 km. Aber wo war mein Haus? Er lief bis zum Ort hinauf und wieder herunter, ohne zu fragen. Eine vage Erinnerung an seinen kurzen Besuch bei mir vor vier Jahren führte ihn in meine Straße. Damals hatte er mich nicht angetroffen. Diesmal war mein Gartentor verschlossen. Die Klingel funktioniert nicht seit Jahrzehnt. Diesmal setzte er sich vors Tor und schlief ein. Er wachte auf, denn er fror. Es war Mitternacht. Er kletterte über das Tor und stand also vor meiner Tür. Der Hund war, zum Glück für den Einsteiger, im Haus.

»Sehen Sie: man muß sich blind führen lassen. Man muß sich in den Strom werfen, er trägt. Wie es in der Bibel steht: Zuerst das Reich Gottes suchen, dann wird einem alles übrige zugeworfen. Immer im Fluß bleiben, nachgebend, Zeichen folgend, vertrauend bis zur Absurdität. Nie sich festfahren. Nie sich absichern. Nie etwas selber machen wollen. Nie auf etwas bestehen. Nichts besitzen und nichts erreichen wollen. Ich wollte nicht nach Rom, ich wollte nicht zu Ihnen. Aber ich bin hier und Sie haben mich aufgenommen.«

Wußten Sie, daß ich das tun würde?

Ja. Das wußte ich.

Wieso?

Weil Sie Sie sind; so ein Mensch wie Sie schickt keinen Menschen fort.

Na ja; Sie haben Glück gehabt.

Glück? Nein, das nennt man nicht Glück, das ist Fügung, besser: Führung; auch Sie waren geführt, als Sie mich aufnahmen, darum hatten Sie auch keine Angst vor dem nächtlichen Einbrecher; es war so gefügt.

Der Mann, ein Namenloser für mich, ist eine »Randfigur«. So nennt man die Nicht-Angepaßten. Was für ein Rand ist gemeint? Der Rand wovon?

Wer am Rand wohnt, das sind die träge Angepaßten. Sie wissen nichts vom glühenden Kern des Lebens. Mein nächtlicher Besucher ist keine Randfigur; er lebt in der Mitte, dort, wo wir alle leben sollten.

Aus: Im Dunkeln singen, S. 111-113, a.a.O.

Tauchsprung ins blinde Vertrauen

Die drüben. Ich meine nicht die drüben im Osten. Ich meine die im *Drüben* Angekommenen, die sogenannten Toten, die nicht tot sind. Unter ihnen viele große Geister, viele Heilige aller Religionen, viele unbekannte Vollkommene. Wie immer sie jetzt »drüben« leben: es sind Bewußtheiten, begabt mit Kräften; denn was sie sich im Erdenleben geschaffen haben, das verlieren sie nicht. Nun: und all diese Wesen sehen, wie der Planet, auf dem doch auch sie lebten, von Leiden geschüttelt wird. Frage an sie: Warum greift ihr nicht ein? Sind euch die Geist-Hände gebunden? Wartet ihr auf die Erlaubnis einzugreifen? Frage an den großen Meister: Und du? Du, der du auf diesen Planeten kamst, um uns zu erlösen, was tust du? Läßt du zu, daß dein Planet zerstört wird? Läßt du noch lange das Unkraut mit dem Weizen wachsen? Gibts noch Weizen? Greifst du überhaupt je ein? Was ist denn diese Erlösung, für die du gestorben bist? Herrscht nicht doch das Sinn-lose, das Absurde? Ich spüre die eiskalte Hand, die mir ans Herz greift und in mein Lebensmark dringt. Was für ein finsterer Morgen.

Ich flüchte in den Garten. Die Rosen blühen, die Amseln singen, die beiden Wiedehopfe sind bei der Arbeit. Friede, Schönheit. Habe ich die Wahl zwischen der kalten Verzweiflung und der so einfachen Freude am Augenblicksangebot? Mein Gott, mein Gott, sage ich, ohne zu wissen, wen ich da anspreche. Mein Gott ... Mir ersetzt sich dieses Wort durch jenes, das die alten Chinesen das Tao nennen. Was ist das: Tao? Was ist das: Gott?

Ich wage wieder einmal den Tauchsprung ins blinde Vertrauen. Und siehe da: das Wasser trägt mich. Ich atme tief durch. Nenns wie du willst: *Es* existiert. *Es* lebt in den Rosen, in den Amseln, in mir. Ich muß es nur sehen wollen, fühlen wollen. Von mir hängts ab, ob es existiert, vielmehr: ob es wirksam existiert. Der Sinn ist nur erfahrbar, indem man hofft. Diese Hoffnung: die große schöpferische Kraft, welche Wirklichkeit zeugt.

Aus: Im Dunkeln singen. 1982-1985, S. 168/169, a.a.O.

So wertvoll sind wir

Spatzen. Während ich arbeite, hör ich mit halbem Ohr am Fenster ein leises Klopfen, immer wieder. Schließlich schaue ich auf: zwei Spatzen sitzen davor und picken aufs Glas. Nicht aufs Holz, wo vielleicht etwas Eßbares sein könnte, sondern aufs blanke Glas. Was wollen sie? Wer schickt sie? Wessen Botschaft, und welche bringen sie mir? Vermutlich ihre eigene, die da heißt:
»He du, wir sind Spatzen, hast du dich schon einmal mit Spatzen befaßt, begreifst du das Spätzische an uns? Stell dir vor, keiner von uns fällt vom Dach, ohne daß das Universum davon Kenntnis nimmt, so stehts im Evangelium, so wertvoll sind wir, das sollst du wissen!«
Ich nehme die Botschaft auf, sie *ist* wichtig.

Aus: Kriegsspielzeug. Tagebuch 1972-1978, S. 42, a.a.O.

Himmel wird hörbar

Luise Rinser: Du hattest mich nach einer Akademietagung in Berlin zu dir nach Hause mitgenommen, und du spieltest mir die Bandaufnahme von ›Dimensionen‹ vor. Du hattest mir sicher den Titel gesagt, aber, daran gewöhnt, daß moderne Komponisten ihre Stücke irgendwie benennen, je fremdartiger und inhaltsloser, um so besser, hatte ich auf den Titel nicht gehört. Erinnerst du dich an meine Reaktion?
Isang Yun: Natürlich! Du hast gesagt: Herr Yun, Ihre Musik bewegt mich zu Tränen.
Luise Rinser: Ja, und du hast dich gar nicht gewundert,

daß ich etwas so scheinbar Emotionales sagte. Aber was war es denn an deiner Musik, was mich so bewegte? Es gibt einige Stellen in der Musik, die mich zu Tränen bewegen, manches in den letzten Beethoven-Quartetten oder bei Mozart in einigen Quartetten und Quintetten, und es sind immer solche Stellen, an denen der Himmel hörbar wird, die ewige Ordnung, die vierte Dimension. Ich habe dich damals gefragt, ob es dich, einen modernen Komponisten, schockierte, wenn ich sagte, ich habe mir beim Anhören dieses Stücks etwas vorgestellt. Du wolltest wissen, was ich mir vorgestellt hatte. Ich sagte sehr zögernd, daß ich deutlich drei voneinander abgesetzte Ebenen erlebt habe: die menschliche, auf der hart gekämpft wird; die elementar-unterirdische, aus der dunkle Triebe aufsteigen, und die überirdische, himmlische mit ihrer bleibenden hohen Harmonie. Ich sagte, das Stück habe mich erinnert an mittelalterliche europäische Mysterienspiele. Du hast gesagt: So ist es. Von da an verstanden wir uns auch wortlos. Aber: ich hätte eben deine Musik nicht so unmittelbar verstehen können, wäre mir die Vorstellung der »Dimensionen« nicht so vertraut gewesen von der Mystik her und auch durch meine Beschäftigung mit östlicher Philosophie. Ich will damit sagen: um deine Musik ganz zu begreifen, muß der Hörer gewisse Voraussetzungen mitbringen, entweder bildungsmäßige oder intuitiv-religiöse.

Wie soll jemand die selbständige Qualität des einzelnen Tones verstehen oder die Struktur mit den Entsprechungen von laut und leise, hoch und tief, hart und weich, bewegt und unbewegt, nicht nur akustisch hören, sondern in ihrer Sinntiefe verstehen, der nichts weiß von der Lehre der polaren Entsprechungen? Nein, *so* einfach ist es nicht, deine Musik zu verstehen. Es *ist* eine elitäre Musik. Aber jede große elitäre Musik kann auch von vielen verstanden werden, nur nicht ganz, meine ich. Es ist schon wichtig, daß man in deine Musik eingeführt wird.

Dichtkunst und Seelsorge

Der Schriftsteller als Therapeut

Wir haben alle unsere Neurose, und die Neurosen sind die Antwort auf unsere Schuldgefühle, die wir nicht bewältigen und meist nicht einmal erkennen. Früher sprach man von »Sünden«. Ich gebrauche das Wort nicht, es entstammt dem Wörterbuch einer überfälligen Theologie. Aber wir haben eben Schuldgefühle, bewußte und unbewußte. Früher ging man zur Beichte und sagte einfach nach dem »Beichtspiegel«, worin man gegen die »Zehn Gebote« verstoßen hatte. Dann sagte der Priester »Absolvo te«, und man ging scheinbar befreit davon. Heute möchte man mit dem Beichtvater über die Schuldgefühle *reden*. Aber die kirchlich Angestellten haben keine Zeit und keine Lust, sich lang und tief einzulassen in seelische Abgründe, und sie können es auch gar nicht, denn dazu müßten sie tiefenpsychologisch ausgebildet sein. Viele Theologie-Studenten machen heute eine Analyse durch, um ihre »Beicht-Kinder« besser zu verstehen. Aber das ist viel zu wenig gründlich, und es fehlt den Beichtigern an Zeit. Wohin gehen Sie heute also mit ihren »Sünden«? Sie gehen zum Psychotherapeuten oder aber zum Schriftsteller, dessen Büchern sie entnehmen, daß er ihre Not versteht und das rechte hilfreiche Wort findet. Zu mir kommen viele solche Suchende. Sie kommen mit literarischen oder politischen Fragen, aber das sind Vorwände. Was sie suchen, ist der Beichtiger.

Ich erlebe bei diesen Gelegenheiten an mir selbst eine Verwandlung. Sobald ich das Problem gehört habe und helfen soll, es zu lösen, werde ich mehr als ich bin. Es ist so, wie der Herr Pfarrer zum Priester, zum Beichtvater wird, wenn er die lila Stola umlegt. Oder wie der Doktor so-und-so zum Arzt wird, wenn er den weißen Kittel anzieht und das Stethoskop zur Hand nimmt. Ich bin dann nicht mehr die Schriftstellerin Luise Rinser, sondern ein namenloser Mensch, Vertreter einer weit höheren Instanz. Es ist etwas Sakramentales in einem solchen Vorgang. Freilich unterscheide ich mich vom Beichtvater wie vom Psychotherapeuten: ich kann an einem Tag nicht zehn Patienten behandeln, sondern nur einen. Ärzte und Therapeuten können und müssen den einen »Fall« vergessen, um frei zu sein für den nächsten. Ich kann das nicht. Ich nehme mir den einen Fall derart »zu Herzen«, daß ich nach stundenlangem Zuhören fast zusammenbreche. Wenn der Patient fort ist, fühle ich, daß mein Raum aufgeladen ist mit dessen negativen Kräften. Ich muß dann an die frische Luft und bin unfähig zu weiterer Arbeit. Man fragt mich oft, woher ich die Kraft zu alledem nehme. Ich weiß es nicht. Wenn ich gefordert bin, strömt mir die nötige Kraft zu. Die Liebeskraft.

Schwierig ist es für mich, die vielen Leserbriefe zu beantworten. Früher fiel es mir leichter, Ratschläge zu erteilen. Es wird mir immer schwerer. Woher nehme ich die Sicherheit, anderen etwas zu raten? Das Leben ist so komplex, die menschliche Seele hat so viele Schichten, wie soll ich hindurchblicken? Ich versuche es. Bisweilen finde ich das rechte Wort. Das ist dann eine Gnadenstunde. Da hat durch mich hindurch eine höhere Kraft gewirkt. Daß das geschehen kann, fordert von mir, daß ich innerlich leer bin und ganz von mir absehe und mich mit dem »Patienten« identifiziere und zugleich ein offenes Gefäß bin für die Intuition, für die mentale höhere Weisheit. Bisweilen genügt es, daß ich einfach zuhöre, stundenlang.

Nach Aussage der Leserbriefe, die mich täglich erreichen, genügt oft die Lektüre meiner Bücher, in denen man wie in Orakelbüchern Antworten auf die persönlichen Probleme findet.

Erstveröffentlichung aus einem Gespräch 1992, a.a.O.

Bist du willens, mich anzuhören?

Nach neun kommt die Post; Geschäftspost, rasch gelesen; und die private, sie überwiegt; in weiße, graue, gelbliche, bläuliche Umschläge sauber verpackt ein Arsenal menschlicher Nöte, dünne Blätter, schwer befrachtet mit Schicksal und mit der ängstlichen Frage: Bist du willens, mich anzuhören, stellvertretend für andre, die sich entziehen, verweigern, für Vater, Mutter, Lehrer, Priester, Ehepartner, für das unentbehrliche Du, für die Unsichtbaren, den Nicht-mehr-Geglaubten?
Manchmal bin ich feige, habe Angst vor dieser Lektüre, schiebe sie beiseite unter einen Haufen Papier, lege Bücher darauf, eine Grabplatte über solchen Anspruch an mich; bin ich ein Anwalt, Beichtvater, Psychiater? Aber dann schäme ich mich, hole die Briefe wieder hervor, bin willens, mich zu stellen.

Aus: Septembertag, S. 32/33, a.a.O.

Ich bin der einzige Mensch gewesen

Unauffindbar. Verzweifelter Brief eines Siebzehnjährigen aus Stuttgart. Ich setze mich sofort hin und antworte. Da merke ich, daß der Junge seine genaue Adresse nicht geschrieben hat. Ich rufe den Thienemann-Verlag in Stuttgart an, die müssen mir helfen, sie müssen den Namen im Telefonbuch finden. Sie finden ihn nicht. Sie müssen das Einwohnermeldeamt anrufen, auch dort findet man den Namen nicht. Auch die Polizei weiß nichts von ihm. Aber er schrieb doch: Stuttgart. Er muß doch zu finden sein. Ich stelle mir vor, wie er irgendwo sitzt und auf meinen Brief wartet wie auf einen Rettungsring. Und nun kommt der Brief nicht. Wie verraten kommt der junge Mensch sich vor. Ich kann aber doch keine Suchanzeige in die Zeitung setzen. Er liest doch sicher keine Zeitung. Ich fühle mich miserabel. Wenn der Junge wenigstens spüren könnte, wie ich mich um ihn sorge. Da liegt mein Brief an ihn. Er bekommt ihn nie. Und ich bin, wie er schrieb, der einzige Mensch gewesen, auf den er noch Hoffnung setzte.

Aus: Winterfrühling, 1979-1982, S. 63, a.a.O.

Ein Tiefseetaucher

Immer, wenn mir selber ein Schmerz zugefügt wird, fühle ich, wie sich mein ganzes Wesen weitet.
Dann bin ich offen für die Schmerzen anderer. Dann verstehe ich alle Sorgen, die mir zugetragen werden in Briefen und Gesprächen. Auch die ›kleinen Sorgen‹, die doch für den, der sie hat, eben so klein gar nicht sind. Und wenn ich länger als zwei Tage ohne eigene Küm-

mernisse, ohne Depression, ohne Schwermut bin, fühle ich mich in einem fremden Element. Ein Tiefseetaucher, der in der Dunkelheit auf dem Meeresgrund zu Hause ist und der zur Wasseroberfläche aufsteigt, wo es schön silbern, hell und heiter ist, ja, aber wohin er nicht gehört.

Aus: Baustelle. Eine Art Tagebuch 1967-70, S. 224, a.a.O.

Ich bin wie ich bin

Sich ungeschützt zeigen. Heute wieder ein Brief eines Lesers, der mich, so schreibt er, bewundert für den Mut, im Tagebuch zu sagen, daß ich depressive Zeiten und viele Schwächen habe. »So etwas sollte man den Leuten nicht sagen, denn das setzt den Autor in deren Augen doch herab.« Wirklich? Tut es das? Und wenn schon: mir ist das Sich-Aufspielen vor andern ein Greuel. Jeder will in den Augen andrer das sein, was er selbst gern wäre und nicht ist. Ich will nichts andres sein, als ich bin: ein Mensch. Ein Mensch wie alle, also mit Schwächen. Warum sollte ich so tun, als sei ich besser, stärker, edler, größer? Ich bin wie ich bin. Ich ertrage mich selber mit Geduld (das habe ich lernen müssen). Ich habe auch gelernt, andre zu ertragen. Bisweilen, früher, habe ich mich beeindrucken lassen durch das Imponiergehabe andrer. Bis sie sich mir dann nach und nach oder auch in plötzlichem Ausbruch in ihrem Elend zeigten: in ihrer Angst vor Krebs, vor Aids, vor der Aufdeckung einer Schuld, vor dem Verlust der sexuellen Potenz (Männer) oder dem Verwelken der attraktiven Leib-Schönheit (Frauen), vor dem Tod.

Aus: Wir Heimatlosen. 1989-1992, S. 124/125, a.a.O.

Ein Schicksal von vielen Tausenden

Ich übergebe mein Gefängnistagebuch der Öffentlichkeit. Ich tue es nicht deshalb, weil mir mein persönliches Schicksal wichtig erschiene. Es ist nur eins von vielen Tausenden. Aber gerade weil es eins von Tausenden ist, kann ich diese Blätter veröffentlichen. Sie berichten nichts Außergewöhnliches, nichts, was den Leiden jener in den Konzentrationslagern gleichkäme. Es ist nichts weiter als der Alltag eines deutschen Untersuchungsgefängnisses im Dritten Reich. Was hier berichtet wird, ist Tatsache, nicht Literatur. Es kann von allen, die mit mir jene Monate erlebten, bezeugt werden. [...]
Jenen, die mir sagen, es sei zu unbedeutend, was ich zu berichten habe, kann ich nicht widersprechen. Ich kann sie nur darauf verweisen, daß es mir nicht um mich selber ging, sondern nur darum, den grausamen Spuk des Gefängnistages und damit die Leidenszeit von Tausenden festzuhalten.
Ich bin oft befragt worden, ob die Monate der Verhaftung und der Urteilserwartung schlimm waren. Gewiß waren sie das für einen Menschen, dem Freiheit so wichtig ist wie die Luft zum Atmen. Aber ich möchte die qualvolle Zeit nicht aus meinem Leben streichen. Für mich wurde der Aufenthalt im Gefängnis zur Wende meines Lebens. Ich war in diesen dunklen Monaten nichts anderes als ein leidender und gefährdeter Mensch, der lernen muß, äußerster Gefahr mit Ruhe zu begegnen, ohne Rückendeckung und ohne die Illusionen des bürgerlichen Lebens. Finden sich heute Menschen, die aus solcher Gefahr gerettet sind, so stellen sie mit Erschütterung fest, daß sie andere Menschen geworden sind: »Umgebildet und frei und unabhängig vom Schicksal.«

Aus: Gefängnistagebuch, Vorwort zur ersten Auflage, S. 11/12, a.a.O.

Ein Menschenkind

Bei der heutigen Post der Brief einer alten Frau, die mich bittet, ihr eine Arbeit zu verschaffen: eine unerfüllbare Bitte, die Frau lebt achtzehnhundert Kilometer von mir entfernt. Sie ist ganz allein und ein, wie sie schreibt, »von Schicksalsschlägen und Minderwertigkeitsgefühlen ganz zermürbtes Menschenkind«. Das Wort ›Menschenkind‹ ist herzbewegend: eine alte Frau nennt sich Kind. Menschenkind. Ein erschreckend tiefsinniges Wort. Ein Kind gehört zu einer Familie, man darf es nicht aussetzen, man muß es einbeziehen, an die Hand nehmen, es lieben, ihm beim Erwachsenwerden helfen. Ein Kind hat einen Namen, bei dem es genannt wird und an dem es erkannt wird. Menschenkind aus der Menschenfamilie. Jedes Kind gehört zu dieser Familie. Es gibt kein Kind, das nicht ein Menschenkind dieser Familie wäre, ein Kind jenes Ganzen, das selber einen Namen trägt, bei dem es gerufen wird. Zu Gericht gerufen, zum Urteilsspruch darüber, ob es seine Kinder gequält, ausgesetzt, gefressen hat oder ob es sie kannte und er-kannte.

Diese alte Frau, dieses Menschenkind, ist alleingelassen worden. Wer ist ihr Nächster? Je älter ich werde, um so dringlicher rücken mir solche Fragen auf den Leib. Einander leben helfen. ›Lebenshilfe geben‹, ein arges Schmähwort der Literaten. Was soll's. Werden mir Kritiker und gescheite Kollegen beistehen, wenn es um die geistige Existenz geht: im Tod? Das Leid meiner Mitmenschen geht mich mehr an als Literaturkritik, als Erfolg oder Mißerfolg. Kunst ist nicht der höchste Wert.

Aus: Grenzübergänge, S. 35/36, a.a.O.

Geschenk einer Sterbenden

Großes Geschenk einer Sterbenden (Gisela Reich – Fernsehregisseurin, die den schönen Film über mich fürs Stuttgarter Fernsehen gemacht hat).
Jetzt ist sie endlich erlöst. Ihr letzter Brief ist vom 2. November 88. Sie gab sich noch wenige Wochen. Sie lebte bis Mitte Februar. Krebs. Operation, Chemotherapie. Danach acht schöne Lebens- und Arbeitsmonate, dann der Rückfall, das Ende vor Augen.
Ihr Brief: »Wie ein Wunder kam Dein ›Wachsender Mond‹ in mein Krankenzimmer. Darin lese ich, mit diesem Buch findet die schönste Tages-Abendstunde statt. Wie fühle ich mich beschenkt durch Dich ... Jetzt verabschiede ich mich mit einer kleinen Traurigkeit von Dir, leb wohl, woanders. Jetzt habe ich noch an alle meine Freunde Dein Buch verschenkt.«
Mein Erschrecken über die Nachricht. Doppeltes Erschrecken: über das nahe Ende dieser ungewöhnlichen und schönen Frau und darüber, daß ich etwas schrieb, was im Angesicht des Todes standhält.
PS: Im August 1991 wurde der Film wiederholt. Eine Anzahl von Telefonaten und Briefen sagt, wie schön dieser Film sei. Danke, Gisela! So waren wir denn wieder beisammen!

Aus: Wir Heimatlosen. 1989-1992, S. 15, a.a.O.

Was will der Vogel, wenn er singt?

Die Kunst und der Zweck. Im Schloß zu Moritzburg, in den Räumen, die Käthe Kollwitz gewidmet sind, die im letzten Kriegsjahr hierher flüchtete und hier starb, ein Blatt mit einem Satz von ihr, von 1922: »Ich bin einverstanden damit, daß meine Kunst Zwecke hat. Ich will wirken in dieser Zeit, in der die Menschen so ratlos und hilfsbedürftig sind.«

Ich las zwei Germanistik-Studentinnen den Satz vor. Sie waren überzeugt, er stamme von mir.

Könnte er von mir stammen?

Immer wieder versuche ich zu erklären, wie es sich damit bei mir verhält. Natürlich will ich als Mensch, als politischer Zeitgenosse, die Zeit verändern helfen, das heißt: auf das Bewußtsein der Menschen einwirken. *Aber*: das will ich nicht, wenn ich »Kunst mache«. Was will ich, wenn ich einen Roman schreibe? Was will der Vogel, wenn er singt? Was will ein Baum, was will eine Tänzerin, was wollte Mozart, wenn er …

Aus: Im Dunkeln singen. 1982-1985, S. 224, a.a.O.

Volksschriftstellerin?

Ich habe nie fürs Volk geschrieben (außer in Aufsätzen für Zeitschriften). Ich habe nie um die Gunst irgendwelcher Leser gebuhlt. Ich schrieb, wie ich nach meinem angeborenen Gesetz schreiben mußte. Wenn mich das »Volk« liest, so nicht deshalb, weil ich ihm billige Ware liefere, sondern weil ich stellvertretend für die Sprachlosen die Leiden meiner Mitmenschen kenne und zur Sprache bringe. Daß unter meinen Lesern auch Leute von hohem geistigen Rang sind, kommt daher, daß ich für niemand schreibe, also für alle. Nun: ich lasse mich gern Volksschriftstellerin nennen, denn ich gehöre zum Volk.

Aus: Wir Heimatlosen. 1989-1992, S. 232, a.a.O.

Sichere Antworten

Wenn Sie (wie viele andere Leser) von mir »sichere Antworten« erwarten, ja fordern, dann unterstellen Sie, daß ich ein Monument sei, das, einmal geformt, immer so bleibt. Aber ich bin immer »nach vorne offen«, ich bin ganz un-träge, ich bin ungemein neugierig, ich beharre auf keiner Ansicht, mein Leben besteht im Fragen, und jede gefundene Antwort ist mir wieder neuer Anlaß zu einer neuen Frage. Und wenn ich Ihnen oder anderen Menschen eine Antwort gebe, so erwarte ich nie, daß man diese Antwort für eine »absolute« nimmt; es soll überhaupt keine »Antwort« sein, etwa so, wie wenn ich einen Deckel auf einen vorher offenen Topf legte, sondern so, wie wenn ich jemand einen Schlüssel gäbe, der vielleicht eine Tür öffnet, von der ich weiß, daß sie in ein Zimmer führt, das nur ein Durchgang ist und wieder eine Tür hat und so fort.
Warum beharren Sie denn darauf, daß es Sicherheiten und Dauerndes geben müsse? In der Natur finden Sie nirgendwo Dauer, sondern ununterbrochene Veränderung. In der heutigen Physik kann man auch nur »Wahrscheinlichkeiten« als Antworten auf Fragen erhalten. Und dabei ist alles Physische grundsätzlich »faßbar« (zählbar, meßbar). Im geistigen Bereich, dort, wo es ins eigentliche Meta-

physische geht, ist alles noch weit komplizierter und fließender.

Aber ich verstehe Ihren Vorwurf dennoch; eigentlich gilt er nicht mir, sondern unserer Zeit, in der alles »relativiert« wird. Alles kann so oder auch anders gedeutet und gewertet werden. Einer sagt so, der andere sagt anders, und heute sagt einer so, morgen sagt er das Gegenteil, alles schwimmt einem weg, man fühlt sich verraten und verloren.

Aber warum eigentlich? Was Sie wollen, ist Wahrheit. Sie meinen, es gehöre zum Wesen der Wahrheit, daß sie immer und unter allen Umständen gleich wahr und auf die gleiche Weise wahr sei. Aber schauen Sie sich einmal physikalische Wahrheiten an: immer wieder einmal scheint es so, als hätte man ein optimal zutreffendes (»wahres«) Weltbild gefunden; aber kaum scheint es so, wird es schon wieder in Frage gestellt, und zwar gerade auf Grund des soeben noch gültigen Weltbildes, in dem jemand eine Lücke entdeckt, die mit der vorhandenen Methode nicht ausgefüllt werden kann, so daß man gezwungen wird, eine neue zu suchen, und im Suchen danach verwandelt sich das Weltbild als Ganzes.

Ein Physiker sagte einmal: Unser Naturbild ist nicht ein Bild der Natur, sondern ein Bild unserer Kenntnisse von der Natur. Ich denke mir dazu: was an den Wissenschaften interessant ist, das ist unser Verhalten zu dem, was wir erforschen, und die Geschichte aller Wissenschaften zusammen ergibt die Geschichte des Menschen in seinem Verhältnis zur »Welt«, anders gesagt: die Geschichte seines Fragens im Wechsel der Fragestellungen. Wir kommen nie an, aber wir wollen das Ankommen gar nicht wirklich, wir wollen das Unterwegs-Sein. Einmal sagte mir jemand, er wolle die himmlische »ewige Seligkeit« nicht, da sie statisch sei; er könne nur selig sein in der Bewegung. Ich glaube, die Seligkeit wird gerade darin beruhen, daß sie Bewegung *und* Ruhe ist. Aber auch diese Ansicht ist nur eine Hypothese und kein Dogma.

Aus: »Hochzeit der Widersprüche«, S. 12-14, a.a.O.

Meine ungeschriebenen Geschichten

Aber wer sagt denn, daß man helle Freude haben müsse an der Arbeit? Die da unten an den Haltestellen der Autobusse, der Ringlinie, der Tram, der Metro warten, die alle irgendwo abgeladen werden vor einem offenen Maul, Fabrikmaul, Geschäftsmaul, Kontormaul, Schulmaul, das ihren Tag, ihre Kraft, ihren Mut, ihre Hoffnung, ihr Leben, das eine einzige Leben, das sie haben, in sich hineinschlingt, gleichgültig mahlend schluckt wie eine glotzende Kuh ein Büschel Gras …

Ich arbeite nicht mehr gerne; ich bin zu alt dazu, um naiv an mich zu glauben, um für wichtig zu halten, was ich schreibe. Bisweilen freilich überfällt mich jäh die Lust zu fabulieren; ein Einfall jagt den andern; ich bin wie der Hund in einem Regen von köstlichen Bröckchen, er weiß nicht nach welchen schnappen, er schnappt nach allen zugleich, vollführt einen schmerzhaft heiteren, verrückten Tanz für sich allein und ist schließlich satt vom Springen, braucht die Brocken nicht, überläßt sie einem andern. ›Meine ungeschriebenen Geschichten‹, das ist ein dicker Band. Wohin eigentlich entschwinden solche Einfälle, solche still und rasch für mich ersonnenen Geschichten? Es geht doch nichts verloren im All. So wird sie denn wohl ein anderer auffangen aus der Luft. Vielleicht sind meine Einfälle auch bloß die verschmähten, bloß die Abfälle von andern Autoren, von lebenden, von längst dahingegangenen. Alles gehört ja allen, und keiner von uns erfindet etwas, er nimmt es nur auf mit seinen Antennen.

Aus: Septembertag, S. 31/32, a.a.O.

Liebe zum Ganzen

Wenn unsere Leser wüßten, wie gefährlich es ist, Schriftsteller zu sein, wie ausgesetzt man lebt. Und da schicken mir junge Leute ihre Manuskripte und wollen Schriftsteller sein und haben keine Ahnung, daß ihnen die Schattenseite fehlt, oder, falls sie sie haben, ob sie die lebenslange Zerreißprobe bestehen. Tennessee Williams schreibt: »Was uns am allermeisten not tut, ist eine neue Moral.«
Wie sie sein soll, sagt er nicht. An dieser Stelle nicht. Aber an andern Stellen und zwischen den Zeilen steht es doch. Was er meint, ist nicht »Moral«. Er meint Religion, und Religion ist nichts anderes als Liebe zu allem und jedem, zum Ganzen, zum Sein und allem Seienden.

Aus: Wir Heimatlosen. 1989-1992, S. 14/15, a.a.O.

Quellenverzeichnis

Die Seitenangaben beziehen sich auf die Plazierung der ausgewählten Texte in diesem Lesebuch.

Erstveröffentlichung aus einem Gespräch zwischen Luise Rinser und Bogdan Snela vom 7.11.1992 im Meditationshaus Domicilium, Weyarn: S. 15, 41, 71, 93, 113, 143, 171, 205, 231.

Mit freundlicher Genehmigung des S. Fischer Verlages, Frankfurt am Main aus:

Abaelards Liebe: S. 61, 63, 132. (c) 1991 by S. Fischer Verlag, Frankfurt am Main.

Abenteuer der Tugend: S. 48, 82, 91, 107, 139, 160. (c) 1957 by S. Fischer Verlag, Frankfurt am Main.

An den Frieden glauben: S. 50, 87, 103, 135. (c) 1990 by S. Fischer Verlag, Frankfurt am Main.

Baustelle. Eine Art Tagebuch. 1967-1970: S. 89, 90, 95, 178, 179, 188, 234. (c) 1970 by S. Fischer Verlag, Frankfurt am Main.

Im Dunkeln singen. 1982-1985 : S. 36, 80, 94, 168, 177, 180, 181, 203, 223, 224, 226, 239. (c) 1985 by S. Fischer Verlag, Frankfurt am Main.

Gefängnistagebuch: S. 78, 154, 236. 1946 by Zinnen-Verlag Kurt Desch, München, (c) 1973 by S. Fischer Verlag, Frankfurt am Main.

Geh fort, wenn du kannst: S. 23, 26. (c) 1959/1976 by S. Fischer Verlag, Frankfurt am Main.

Die gläsernen Ringe: S. 19, 47, 148, 151, 174. (c) 1941 by S. Fischer Verlag, Frankfurt am Main.

Grenzübergänge. Tagebuch-Notizen: S. 52, 124, 155, 161, 183, 204, 237. (c) 1972 by S. Fischer Verlag, Frankfurt am Main.

Wir Heimatlosen. 1989-1992: S. 38, 68, 96, 110, 166, 169, 187, 235, 238, 239, 243. (c) by S. Fischer Verlag, Frankfurt am Main.

Ich bin Tobias: S. 28, 190. (c) 1966 by S. Fischer Verlag, Frankfurt am Main.

Kriegsspielzeug. Tagebuch 1972-1978: S. 37, 97, 134, 184, 228. (c) 1978 by S. Fischer Verlag, Frankfurt am Main.

Mirjam: S. 55, 58, 125, 128, 129, 192, 213. (c) 1983 by S. Fischer Verlag, Frankfurt am Main.

Mitte des Lebens: S. 159, 189, 222. (c) 1950 by S. Fischer Verlag, Frankfurt am Main.

Septembertag: S. 60, 108, 137, 138, 190, 233, 242. (c) 1964 by S. Fischer Verlag, Frankfurt am Main.

Silberschuld: S. 197, 199. (c) 1987 by S. Fischer Verlag, Frankfurt am Main.

Der verwundete Drache. Dialog über Leben und Werk des Komponisten: S. 228. (c) 1977 by S. Fischer Verlag, Frankfurt am Main.

Die vollkommene Freude: S. 98. (c) 1962 by S. Fischer Verlag, Frankfurt am Main.

Wachsender Mond. 1985-1988: S. 83, 139, 167, 176, 185, 217, 218. (c) 1988 by S. Fischer Verlag, Frankfurt am Main.

Wie in einem Spiegel, in: Geschichten aus der Löwengrube: S. 163. (c) 1986 by S. Fischer Verlag, Frankfurt am Main.

Winterfrühling. 1979-1982: S. 140, 182, 220, 234. (c) 1983 by S. Fischer Verlag, Frankfurt am Main.

Den Wolf umarmen: S. 19, 43, 73, 76, 116, 119, 122, 145, 152, 173, 208, 210. (c) 1981 by S. Fischer Verlag, Frankfurt am Main.